空手の命

「形」で使う「組手」で学ぶ

月刊 秘伝
武道・武術の秘伝に迫る
THE HIDEN BUDO & BUJUTSU
【特別編集】
BAB JAPAN

尽きることのない文化としての空手の魅力

作家・空手道今野塾主宰　今野敏

「空手」という言葉を初めて聞いたのは、力道山の「空手チョップ」だったと思います。その後、ブルース・リーが『グリーン・ホーネット』で助手のカトーを演じ、目の覚めるようなアクションを披露してくれました。

その技は「空手」という設定で、小学生だった私はそれを疑いもしませんでした。それ以来、空手は私の憧れとなったのです。

そして、四十年以上空手に触れてきた今でも、それはまったく色あせていません。空手は私にとってますます魅力的であり、日々新たなことを教えてくれます。

東京オリンピックに採用されたこともあり、最近空手に対する注目度が高まっているように感じます。オリンピックはスポーツ競技の祭典ですから、当然空手もスポーツ競技としての側面から注目を集めることになりました。

面白いことに、それと同時にスポーツ競技ではない空手もクローズアップされるようになったように思えます。つまり、沖縄の伝統空手です。

ご存じのとおり、空手は沖縄で生まれ、沖縄で独自の発展を遂げました。それは現在でも脈々と受け継がれています。一方、大正時代に日本本土に伝えられた空手は、大学生を中心とする若者の間に広まり、やがて競技の道を進み始めます。競技の世界は華やかで、観戦する楽しみもあるのですが、実は空手全体から見ると、ごく一部であると私は考えています。では、競技以外の部分とは何か。それは文化です。

一つには、沖縄の歴史をふまえた文化だということが言えると思います。首里王府を守る士《サムレー》によって守り伝えられた空手は、棒術やサイを包含した総合的な武術文化であり、また島唄や琉球舞踊などと同様の豊かな沖縄の文化の一環でした。

そしてもう一つは、武術としての身体文化です。最近は体幹トレーニングが注目されるようになりましたが、空手の型はもともと優れた体幹トレーニングでもありました。西洋の体育理論とはまったく異なった武術としての身体理論なのです。

世界に空手競技が広がりをみせた現在、その流れを逆行させる必要はないと思います。しかし、試合だけで空手を語るのはあまりに淋しい。どうか、永遠に尽きることのない豊かな文化としての側面にも、ぜひ注目していただきたいと思います。

CONTENTS

第2章 空手進化論【組手編】

第1章

空手の命 〝形〟探求！

大正十一年(1922)、"近代空手道の父"とも言われる富名腰(のち「船越」)義珍が
沖縄から上京し、初めて空手(当時は「唐手」)を披露して約百年。
当初、わずかに15しか無かった形も、
その後、様々な人々の手を介して数を増やし、あるいは変化していった。
そして、一人で演じられる空手の形は、それ故に他武道とは違った
拡がりを持ち、独特の発展を遂げることとなった。
今、大きな節目を迎えようとする空手だからこそ、問いたい。
その"生命"である「形」に込められるべき、本質的な意味合いを……。

船越義珍が最初に本土へもたらした十五の形

平安《へいあん》(ピンアン)初段~五段
鉄騎《てっき》(ナイファンチ)初段~三段
慈恩《じおん》(ジオン)
観空《かんくう》〔大〕(クーシャンクー)
抜塞《ばっさい》〔大〕(バッサイ)
燕飛《えんぴ》(ワンシュウ)
十手《じって》(ジッテ)
岩鶴《がんかく》(チントー)
半月《はんげつ》(セーシャン)

後に世界へと拡がる、沖縄から本土へ伝えられた空手。そのそもそもの始まりとなったのが、船越義珍によってもたらされたこれらの形であった。カッコ内は沖縄での元々の呼称だが、一名「松濤館流(系)」とも言われたこれらの形は、本土移入後、その技法を大きく変換していった。

『月刊秘伝』2016年12月号より

Part 1

改めて問う、「形」とは何か⁉

空手の形稽古に隠された意味

香川政夫師範による「壮鎮」の形の一場面。この形は、ダイナミックな力強い技で、いかにも本土の空手らしいものである。

文◎竹林篤実
「コミュニケーション研究所」「理系ライターズ・チームパスカル」代表。
科学、医学系の取材執筆を多く手がける。
「月刊トレーニングジャーナル」誌で連載「型とは何か」を執筆。

形稽古で想定する相手は誰か

形の解説書をみると、平安《ピンアン》などの動きを一つひとつ分解し、実戦での使い方を説明している。同じ動きでも、解説者により説明内容に違いの出ることもあるが、一つだけ共通していることがある。それは、そうした解説においては、仮想敵も同じ空手の技を使ってくることを前提としている点だ。

例えば、相手が右の中段突きで来た場合に、内受けをして何かの返し技を出すといった案配である。このような相手の想定が、本土に伝わった空手と、それ以前に沖縄で行われていた唐手の間の本質的な違いとなる。

およそ日本の古武術と同じく、唐手の形稽古の目的は、生き延びるための技を身につけることである。その際に敵として想定されるのは、自分と同じ唐手の技を身につけた相手ではない。これは護身術の本質を考えれば理解できることである。

どんな相手が、どんな技で襲ってきたとしても、自分の身を守れること。これが護身術の要諦である。どんな状況においても、自分の体が理に適った動きをする。そうした動きを身につけるための稽古が、琉球空手の形稽古の本質である。

沖縄で最も古くからあるといわれ、最もよく稽古された形「内歩進《ナイファンチ》」には、動きの応用説明が基本的にない。あるとしても、それはかなり苦しいこじつけとなる。なぜなら内歩進は、特定の相手の動き、それも同じ唐手を使う相手の動きを想定した形ではないからだ。だから、あのような一種不自然とも思えるような動きとなる。

けれども、その動きには長い年月をかけて極めて精緻に組み立てられた意味が込められている。だから「形一つ三年」といわれるように、内歩進だけを繰り返して稽古することで身を守る力が付いたのだ。

形稽古の目的は小脳にバイパスを作ること

ところで初めて自転車に乗れた日のことを、覚えておられるだろうか。補助輪の付いた自転車で練習した方がいれば、こけないように後ろの荷台を押さえてもらって練習した人もいるだろう。いずれにしても、いきなり自転車に乗れる人は少ない。ところが、一度乗り方を体が覚えると、いつでも自転車に乗れるようになる。

自転車を乗りこなすのは、それほど簡単なことではない。まず片足をペダルに乗せ、踏み込むと同時にもう一方の足をペダルに乗せて、左右のバランスを取る。目は前方を見ながら、何かあれば手でブレーキを操作する。道が曲がっていれば、それに応じて体を傾け、ハンドルを動かす。これらの動きをほとんど「何も考えることなく」自然に行う。

「内歩進」のことを、松濤館流では「鉄騎」と言う。中達也師範による、その「鉄騎」の形の実演。形の一つひとつの動きに、体を正しく動かすための効用があったのではないだろうか。

なぜ、そんなことができるのか。小脳のなせる技である。長期的な運動記憶は小脳が関係していることがわかっている(※)。小脳の役割は知覚と運動機能の統合であり、小脳は意識とは関わりを持たない。わかりやすくいえば小脳は、反射的な動作を司っているのだ。例えば、うっかり熱湯に手を突っ込んだら、即座に手を引っ込め、然る後に「熱っ!」と意識で感じる。瞬間的に手を引っ込める動作に意識は関与しない。

ここに形稽古の真の意味がある。要するに形稽古による鍛錬は、乗れなかった自転車に乗れるようになるためのものだ。誰かに襲われたときに、いちいち相手の攻撃を頭で理解して、考えて反応していたのでは間に合わない。そうではなく相手の攻めに対して、「何も考えることなく」身を守る動きを出せるようにすること、これこそが形稽古の目的だ。言い換えれば、特定の攻めに対する反応を起こすバイパスを小脳に作ること。これが古来の形稽古の意味である。

※東京大学人文社会系研究科・文学部の今水寛教授らのチームの発表による
http://www.u-tokyo.ac.jp/content/400036950.pdf

なぜ最もシンプルにして必要なものに価値が生まれるのか

先ほど、形が想定する敵について、「どんな相手が、どんな技で襲ってきたとしても」と述べたが、それは無限の可能性があるということであり、つまり敵を想定しきることはできない、と言うこともできる。あらゆる可能性があり、すべての可能性をシミュレートすることはできないのである。だからこそ、逆に「一人形」が必要なのではないかと考えることはできないだろうか？

自転車が倒れないように乗りこなすには、心身の調整が求められるわけだが、しかし空手を含めた武道において、反応だけを鍛えるのなら、実際に組む方がはるかに効果的なはずである。ここで、「一人形」の利点はあるのかという疑問が涌いてくる。その答えが、「敵を想定しきることができない」ということの中にある。逆説的ではあるが、想定しきれないからこそ、最もシンプルにして必要なもの、つまり「形」の価値が高まる。

絶対的に必要な部分以外全てを削っていき、必要な核だけを凝縮し練り上げていった先に、多様性への飛躍が生まれる。それが古来から言われてきた「守破離」の「破」や「離」にあたるところなのではないだろうか。

形稽古の守破離

では、内歩進のように単調な動きを繰り返すだけで、本当に身を守れるようになるのだろうか。なったのだと思う。ただし、そのためにはそれぞれの動きによって作られる小脳内のバイパスを意識することが必要だ。

最初は「守」すなわち型を正しく真似ぶ必要がある。口伝でしか伝えられてこなかったため、本来の動きがどうだったのか今となっては定かではない。けれども内歩進の最初の動き、左足を右足と交差させて右足の横に持っていき、さらに右足を左足の後ろを回り込ませながら横に一歩踏み出す。この単純な動きにも、きめ細かな定めがあったはずだ。

形とはまず、体を正しく動かす回路を小脳に作るための稽古である。誰にでもある左右の偏りや動きのクセを取り去るために、自らをあえて形にはめる。自分の体に形を練り込む。おそらくは、これだけに三年はかけたのではないか。

これができるようになれば（師が認めてくれれば）、次

日本空手協会

は「破」の段階に進む。すなわち「守」の段階で身につけた形の動きを、自分の体の特長に合わせて変えていく。肘打ち一つとっても、手の長さが違えば、その軌道は変わってくるはず。こうして自分に合わせて、形をきめ細かく微調整していくのが「破」の稽古である。と同時に、様々な相手の動きを想定しながら、稽古することも必要になる。思い浮かべる相手の動きが多様であればあるほど、実際に相手が襲ってきた時の対応力が増すことになる。イメージする相手の動きに応じて、形の動きを微妙に変えることも必要だ。つまり形を実際に使えるようになるためには、形を破らなければならない。

さらに進めば「離」の段階に到達する。つまり自分のあらゆる動きが形に込められた身体操法のエッセンスと同化し、どのような動きをしても、そこには形に込められた理路が活かされている。名人達人のレベルがこれであり、何十年もかけて形を稽古し続けることの、究極のゴールである。単純に見える形稽古だが、その背景には奥深い世界が広がっているのだ。■

Part 2

伝統と革新の融合から見た
先人の生み出した技が永遠に伝えられる形へ

香川 政夫　Kagawa Masao

1955年生まれ、大阪府出身。帝京大学法学部卒。国内外の各種大会での上位入賞多数。1983年4月より同大学空手道部師範就任。2010年4月より特定非営利活動法人日本空手松涛連盟首席師範・理事就任。その他、（財）全日本空手道連盟ナショナルチームのコーチ、監督などを歴任。現在、ナショナルチーム選手強化委員会委員長。また、世界空手連盟（WKF）技術委員会相談役も務める。日本空手松涛連盟九段。全日本空手道連盟公認八段。

協力◎日本空手松涛連盟総本部
取材・文◎野村暁彦

伝統の上に常に変わりゆく松涛館空手

2020年に開催される東京オリンピック。その追加種目の一つとして、空手の採用が正式に決定した。

「オリンピックというのは（空手にとって）誰も経験したことのない舞台です。普通の試合とは違うんです。誰も経験していない。もちろん私も経験したことがない。そういう舞台に立つ選手に対して何をどう教えるべきか、実際のところは分からないわけです。本当に大変なことだと思います」

率直に、そう語るのは、日本空手松涛連盟首席師範の香川政夫師範（松涛連盟九段・全日本空手道連盟〔ＪＫＦ〕公認八段）である。

初めてオリンピックという舞台を踏むにあたって、選手たちは形《かた》にしろ、組手にしろ、ただ勝てばよいというものではない。空手道発祥の国である日本ならば勝って当たり前という高いハードルを課せられた上に、試合を通して「空手とは何か？」というものを、世界に向けて明確に打ち出さなければならないのである。

そういった厳しい状況の中、香川師範はＷＫＦ（世界空手連盟）技術委員会相談役を務め、またＪＫＦナショナルチーム選手強化委員会委員長を務めている。形にも組手にも精通し、1985年に開催された第28回全国空手道選手権大会（日本空手協会主催）では形の部、組手の部の双方で王者となった経験を持つ香川師範は、まさに理想的な指導者と言えるだろう。

船越義珍翁が沖縄よりもたらした技法をベースに、よりダイナミックな動作へと育まれ、本土で発展を遂げた松涛館空手。その本流ともいえる中に身を投じ、空手家としてはけっして恵まれない体格を擁しながらも長年、第一線で戦い続け、今、会派内はもちろん、広く日本の空手を代表して後進たちを指導する香川師範。そんな師範のバックボーンには、松涛館空手をベースとしつつ、学生時代から続く幅広い経験値の上に、師へ最も影響を与えた一人の空手家の姿が浮かぶ。

既存にとらわれない発想で松涛館空手の動きを新たに昇華したその〝空手〟は、現在、香川師範が首席師範を務める松涛連盟独特の形体系に生かされている。今回は、香川師範の指導理念と共に、その独自形の特色を御紹介いただいた。

香川政夫師範の軌跡

これまで空手一筋の人生を歩んできた香川師範は、1955年、大阪の生まれである。早くに両親を亡くした香川師範は、昼間は東大阪の小さな鉄工所で働き、夜は定時制高校に通いながら、お兄さんに導かれて始めた空手の稽古に励むという日々を送っていた。そうした中、日本空手協会の第1回関西地区大会での試合を評価された香川師範は、スポーツ推薦による特待生として帝京大学に進学する。

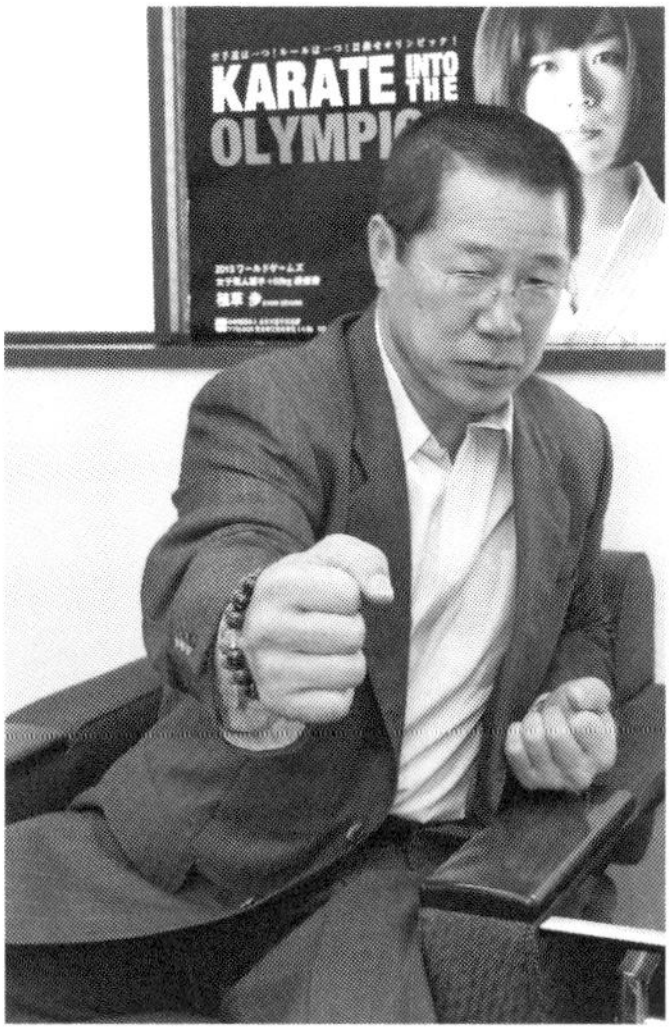

現在の空手道競技の現場から自身の空手人生、武道とスポーツの違い、世界における空手界など、幅広くお話をしてくださった香川師範。

「兄が帝京大学の当時空手部師範だった阿部（圭吾）先生と親しかったものですから、その縁で帝京大学に入れてもらいました。大学に入ったときには、もう大阪に帰るつもりは一切ありませんでした。チャンピオンになって、道着一つで世界を股にかけて、空手一筋で行くと決めて上京しましたから。

そういう夢を追ってきたからこそ、今の自分があると思っています」

こうした恩義に報いたいという思いもあって、今も香川師範は帝京大学空手道部の監督、師範を務めている。現在ナショナルチームで活躍する植草歩選手（2018年JKF全日本選手権女子個人組手優勝・4連覇）は同大学所属の愛弟子の一人だ。

師範の現役時代も、帝京大学空手道部では学連（全日本学生空手道連盟）を通じて、流派の垣根を越えた交流が広く行われていた。様々なスタイル、様々な思想を持つ若き空手家たちが切磋琢磨する学連での活動は、香川師範にとって、まさに武者修行の場だったという。また日本空手協会へ研修生として入所後も、その交流は空手界だけには留まらなかった。

「私の友人に協栄ボクシングジムの亀田昭雄（元日本

ウェルター級、スーパーライト級王者）というボクサーがいました。具志堅用高の一つ後輩、渡嘉敷勝男の先輩にあたります。練習嫌いで有名だったんですが、当時は天才ボクサーと言われていました。彼はアウトボクサーで、相手に打たせないで打つというスタイルでしたが、私は彼の練習を見て、力の抜き方を教わりました。これが私の分かれ目でした。

日本空手協会では渾身の力で打つことを教わってきましたが、実際には相手を倒すのに力なんか要らないんです。彼がサンドバッグを打つ姿や、試合での使い方を見て〝これだな〟と思いました。

当時は相手を倒すにはどうしたらいいのかを常に考えていましたから。試合に勝つというのもそうですが、空手は相手を倒してなんぼです。協会では一匹狼でしたから、そういう技を以って、指導員としての格も上がるわけです。試合でも練習でも、そういうことの繰り返しでした。試合では実際に相手を倒さないまでも、コントロールした上での技でもそれは分かります。まあ実際に倒すこともあるでしょうし（笑）。そういうことを、いつも考えていました。それは力じゃない。要はタイミング……間《ま》なんでしょうね」

このような緊張感のある状況に身を置けたことに感謝しているという香川師範が師と仰いだのが、当時日本空手協会の指導員であり、後に松涛連盟を設立した故浅井哲彦師範（２００６年逝去）だった。

故・浅井哲彦師範の遺産

空手界の風雲児として知られた浅井師範は、平成12年（２０００）に日本空手松涛連盟を設立して首席師範となってからも、毎朝5時から自宅で必ず稽古をしていたという。すでに道場での指導は香川師範に任せていて、浅井師範が毎日道場で指導するわけではなかったが、稽古していて「これだ」と思ったことを、道場でのセミナーで披露する。

「そうやって先生がやって見せたことを我々が簡単にやってしまうと、先生は不機嫌になるんです（笑）。でも、上手くできないと、〝そうじゃろう〟と嬉しそうにニマッと笑うんです」

当時の浅井師範のセミナーでの様子を、香川師範はこう語る。日々の稽古を欠かさず、自分自身を追い込みながら、常に自分の空手を探求していた浅井師範の形《かた》は、浅井師範にしかできないものであったという。形そのものは同じでも、体の使い方、身のこなしなどが違うのである。

とはいえ、既存の形を自分流にアレンジしていたわけではない。しかしその一方で、〝常に前を向き、過去には拘らなかった〟という浅井師範は、松涛連盟の中に自ら工夫し補完した新たな〝空手〟を残すべく、独自の形を作っていった。その最も基本となる形が「順路」である。

この順路という形は、初段から五段まで、それぞれ異なったテーマを持つ5本の形で構成されている。

まず順路初段の特徴は、松涛館系ではほとんどない猫足立ちから前屈立ち、また前屈立ちから猫足立ちへと移行することによる、〝軸足の溜めと開放〟という動きを入れている。あるいは、順路二段では両手を同時に使って、受けと攻撃を同時に行う技を特徴とし、順路三段は独特の拍子で繰り出す裏拳や手刀、猿臂《えんぴ》（肘打ち）などの打ち技が特徴となっている。

また、順路四段では腰の回転、転身を多用する。この〝転身〟は浅井師範の得意とするところであり、まさに浅井空手の代表的な動きが入っている。順路の中で香川師範が最も好きな形であり、最初は「こんな動き、使えないだろう」と思っていたが、やればやるほど面白い形なのだという。最後の順路五段は寄せ足、歩み足といった足の運びを使って技をかけるという動作を特徴としている。

現役時代から晩年まで、しなやかさと敏捷性と共に鬼気迫る独特の空手で知られた日本空手松涛連盟創設者、浅井哲彦師範。その空手は形として同会に現在も息づいている。

独自の融合が生み出した古典形

松涛館空手では、基本の形である平安初段～五段に

順路 初段

基本的な猫足立ちから前屈への移行で間のタイミングとその威力を養う。相手の連続攻撃をわずかな前足の操作でいなし、即座に反撃する（①〜③）。

右の上げ受けはそのまま拳をねじり込むように反転させることで、顔面への裏拳打ちともなる。

その動き、伸縮自在にして、旋風の如し！

現在、日本空手松涛連盟で行われている形は、独特のバネと柔軟性を持つ空手を実践した浅井師範の工夫が反映した独特の形体系を構築している。その基本形となる「順路」は松涛館空手にはなかった「猫足立ち」を生かした技法や、旋回動作などがふんだんに盛り込まれ、あたかも浅井師範の空手そのものを現代まで伝え残している。

かつて多くの名人達人たちの工夫がそれぞれに盛り込まれた沖縄の空手「形」。個人の技が万人のものとなる〝形の効用〟を、改めて見る思いがする。

順路 二段

二段で特徴的なのが両手の同時操作による攻防一体の技法。右の下段払いと同時に左逆突きを突き込む（①〜②）、等。

入っている動きの応用で、全空連の指定形ともなっている観空大・小を始めとする17本の形ができていて、平安の形をやれば、その応用として、他のすべての形ができるというのが原則となっている。

これに対して浅井師範が制定した順路は、これができれば松涛連盟で制定する「古典形」ができるという流れになっている。この古典形とは現在、門外不出として松涛連盟でしか行われていないもので、全空連などの公式の試合には使えないが、特に海外では非常に好評を得ていて、熱心に研究されているという。これは浅井師範が

順路 三段

三段では特に縦横に変化しながら繰り出される打ち技（手刀、裏拳、猿臂など）の多彩さがある。大きく突き込んできたその腕を捉えながら体を入れ換えるように引き付け、大きく振り下ろした手刀を頸動脈へ（①〜④）。こうしたスナップの利いた手刀打ちも浅井師範の得意技の一つだった。

順路 四段

順路全体において旋回動作が多く、相手の攻撃を受けながらの回転肘打ちなどが織り込まれているが（①）、四段の最後に行う３６０度回転しての正拳突きはその中でも一際異彩を放つものだろう（②〜④）。上体の回転で下体をリードするように転身するが、実際にやってみると思いのほか難しく、正確に正面を突くにはかなりの修練を要する。

実用というよりも修練的な要素が強い動作と思われるが、実際、攻防中にいきなり背を向けられると相手は一瞬、虚をつかれて容易には対処ができないものとも思える。

台湾で学んできた白鶴拳の拳套《けんとう》（形）を、松涛館の立ち方、松涛館の動きに変えて、これも独自に創出したものである。

例えば順路の中には、背中を使って大きな力が発揮できるように、敢えて肘を開いて脇を開《あ》けるような体の使い方をする技が入っている。こういった感覚は、空手の原型の一つとされている白鶴拳と共通するものであるが、こういうちょっとしたところが空手にも通用するのだという。

こうした、従来の松涛館空手では収まり切れない、浅

順路 五段

五段で特徴的なのは歩み足や寄せ足でスッと間を詰める動作にあるが、他に比べて蹴り技の多さも印象的だ。この横蹴りは形の最初の方で出てくるが、腕の引き込みと、細かい寄せ足で十分に蹴り込み、体勢の崩れを逃さず一気に飛び込んで突きを極める（①～③）。とにかく瞬間的な敏捷性が最大限求められるのが「順路」の基礎と言えるだろう。

1

2

3

古典型「鶴翼 初段」

日本空手松涛連盟制定の「古典型」は水手、火手、浪手、鶴翼初段〜三段、常行一勢〜五勢、八門、旋掌、脚戦、騎馬拳、乱脚、明鏡二段の十七の形で構成されている。これらには浅井師範が台湾時代に触れた白鶴拳の技法などが、空手の様式の中に活かされている。

下の①〜③は鶴翼における両手同時手刀だが、後背の出力で両手を弾き出すその様は白鶴拳の代表的な技法を彷彿させる。

同じく鶴翼の用法例。相手の突きを受け落とし、間髪入れず踏み込みざまに肘打ち、そのまま腕を伸ばして手刀を振り当てる（④〜⑥）。鞭のようにしなう独特の肘打ちもまた、猫足からの前屈という基本の応用に支えられている。

井師範が理想としている空手の動きが順路であり、その先にある古典形なのである。

香川師範は、古典形の中では「鶴翼《かくよく》」という形が好きだという。

「この形の中には、例えば体を倒しながら縦拳で突くという技が入っているんですが、これは相手の攻撃を躱《かわ》しながら、ボクシングのクロスカウンターのように打ち込むという技です。松涛館の形の中では、ほとんど受けてから極めるという動作になっていますが、躱しながら突く方が非常に実戦的でしょう。鶴翼には、そういった技が入っているんです」

また、浅井師範の姿を見て研究を重ねた香川師範が行き着いたのが、腰の使い方だった。

「私自身は、基本でも組手でもそうですが、最も強調するのが腰の動き、腰のキレです。人間は体の中心である腰から動きます。腰で突く、腰で受ける、腰で蹴る……すべて腰の動きで操作するんです。

それから、ちょっとした体の使い方で距離が伸びたりパワーが伝わったりというのがあります。よく〝姿勢を大事にしろ〟と言われます。真っ直ぐに立つというのが姿勢の基本なんですが、特に上半身を使う技については、技をかける瞬間には体を前に倒すような体の使い方が最適だと感じていますので、そのように指導しています」

基本を大切にしながらも、それに囚われず、自身の経験を通して発展させていくのが浅井流の空手であり、それは確実に香川師範に受け継がれている。

技をつかみ取る〝精神〟

そんな香川師範は、形を指導する際、今の選手には動作のコツやその意味など、それほど詳しくは教えていないという。

物事には段階というものがある。稽古を続けながら「習いたい、盗みたい、体得したい」といった思いを抱く中で感性が磨かれていく。そうして〝機が熟したときに〟でなければ、師の教えを受容できないと考えるからである。

「技を盗むとか、自分のものにするというのは、例えば料理の世界で皿洗いや雑用をしながら親方の出汁の取り方を横目で盗み見て、後で自分で研究してみる。そういうもんですよ、〝盗み取る〟というのは。そういう姿勢がなければなりません。そういった姿勢になるのに何年も

すべては「基本」に支えられている

香川師範が最も強調したのは、とにかく「基本」が大事だということ。柔軟に上体を支え、動かす腰の働きを生み出すには、上図のようにその場から行う３６０度八方向へ向かっての基本突きは重要な基礎として、松涛連盟では稽古されている。「すべては腰のキレにあります。腰の柔軟性を高めるには、壁の前に立ってそのまま上体をひねり、両手を壁につける訓練も有効です（①〜③）」（香川師範）。

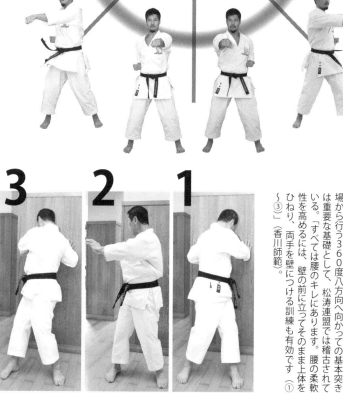

かかるものなんです」

現在の香川師範は、純粋に武道としての空手を探求し、また後進に指導する一方、２０２０年の東京オリンピックを見据えて、「競技スポーツとしての空手」を指導する立場にある。

昔の名選手と今のトップクラスの選手と、どちらの技術が優れているかと言えば、確実に今の選手の方が上なのだと香川師範は言う。そんな現在の選手たちに香川師範が教えようとしているのは〝精神〟である。

海外での指導経験も豊富な香川師範は、外国人選手たちの強靭な精神性を痛切に感じている。それは、現段階では日本の選手たちのそれを、遥かに凌駕しているという。

「空手は武道として育ってきたけれど、試合はルールのあるスポーツです。そこは弁《わきま》えなければなりません。大切なのは〝勝とう〟という精神です。その精神をどう教えるかです。

もちろん稽古は勝つために、強くなるためにやるものです。そこで一番大切なのは精神……ブレない気持ちです。相手がどんなに素晴らしい技を持っていたとしても、それを超越できるような精神を、今、私は学生たちに教えています。

オリンピックに向かって、外国の選手はもう眼の色を変えてスタートしていますよ。我々も一丸となって選手をバックアップして、選ばれた選手たち一人ひとりが自らのプレッシャーを力に変えて、素晴らしい試合をしてもらいたいですね」

にこやかに、しかし眼光鋭く香川師範はこう語った。■

◎ NPO 法人日本空手松涛連盟 総本部　〒169-0051 東京都新宿区西早稲田 3-14-3
TEL 03-5972-1225　FAX 03-5972-1226　http://jks.jp/

Part 3

オリンピック側の視点で見た
“空手道競技”2020東京五輪参加

（公財）全日本空手道連盟が（公財）日本体育協会に加盟したのが1972年、その後、同連盟が所属する世界空手連盟（WKF）がIOC公認団体承認を取得したのは1999年だった。そして、来る2020年、とうとう空手道競技は悲願のオリンピック参加を達成した。

磯部 晃人　Isobe Akito

1960年生まれ、新潟県出身。青山学院大学文学部史学科卒業。フジテレビ勤務。フジテレビ入社後、スポーツ局でK-1を企画し初代番組担当となる。その後、K-1やPRIDEの事業プロデューサーを務める等、90年代〜の格闘技興隆に関わる。「ゴング格闘技」で柔道コラムを9年間連載し、好評を博す。自身は学生時代に柔道三段、少林寺拳法三段取得。柔道史（主に戦後競技史）の研究をライフワークとするが、柔道との関連から武道・格闘技の動向にも幅広く関心を寄せている。

文◎磯部 晃人（柔道研究愛好家）

※本記事は、『月刊秘伝』2016年12月号、2017年1月号掲載記事より一部を再構成の上、掲載しています。

空手の２０２０年東京五輪開催都市追加種目決定は誠にご同慶の至りである。空手界は長年五輪競技採用のために並々ならぬ努力を重ね、過去3度の落選(05、09、13年)を経ての選出だけに喜びも一入《ひとしお》であろう。

ところが一連の報道を見る限りオリンピックにおける空手の「現在地」と将来の見通しについて、世間一般にはきちんと説明されていないように思う。

空手関係者やスポーツ識者にとっては釈迦に説法であろうが、この場をお借りして概説する。

中核競技、追加競技、開催都市追加種目

ＩＯＣは五輪の肥大化を抑制する目的で、２００７年のＩＯＣ総会でオリンピック憲章を改訂し、２０２０年大会以降、夏季五輪は25の「中核競技」と最大３競技を限度とする「追加競技」によって構成することを決定した。それを受けてＩＯＣは13年にロンドン五輪で実施された26競技の中から20年大会で実施する25の中核競技を選定した（レスリングが落選）。さらに16年大会から実施が決まっていたゴルフ・７人制ラグビーと、残留が決定したレスリングの３競技を追加競技と定めた。

その後の14年12月にIOCはオリンピックの中長期改革計画「アジェンダ2020」を採択した。この改革では最大28と定めていた五輪競技数の枠を撤廃し、上限を約「310種目」とし、それとは別に20年東京五輪から「開催都市追加種目」枠を定めたのだ。これは開催都市が当該の1大会に限り選手数500人を上限とする複数の種目を提案できるとする取り決めで、8月に東京五輪での実施が決まった空手は、この枠での選出である。

「開催都市追加種目」は1大会に限る実施であることに加えて大会4年前の選出となる。

「開催都市追加種目」は開催都市・組織委員会の意向で提案されるが、24年オリンピック開催地はパリに決まった。世界空手連盟（WKF）の中心地であるヨーロッパ開催であれば空手に有利と言われ、特にフランスでは空手人気が高く、12年パリ世界選手権では満員盛況であったことなど実績もある。

そして28年ロサンゼルス大会の「正式種目」が決定すると思われる21年（つまり20年東京五輪空手競技実施後）には、空手は五輪開催の実績も評価も確定した上でロビー活動に臨める。

IOC評価ランクとコンバットスポーツ

空手界では24年オリンピックにも競技として実施されるように努力するのと並行して、空手が未来永劫五輪競技として実施されることを見越して日々空手のコンテンツ価値の向上に腐心しているものと思う。

では、そのために創造しなければならない価値とは何であろうか？

現代オリンピックで一番重要なのは、観客動員やメディアへの露出といった商業的な人気の尺度であることは間違いない。実はこの商業的な価値についてIOCは

明確な競技の評価ランクを設けており、このランクがその次の五輪の収入の分配金の参考資料となっている（表1）。

ロンドン五輪後には28の競技がAからEランクの5段階に格付けされ、トップのAランクには水泳・陸上・体操の3競技が選ばれている。コンバットスポーツ（後述）は全体的にランクが低く、柔道とボクシングはCランク、フェンシング、テコンドー、レスリングはDランクだ。

空手が将来五輪競技として定着した暁には、Cランクまでに入ることが目標となるだろう。現在はCランクまでに16競技が入っているが、五輪競技に安定的に採用され続けるためにはCランクが一つの目安と考えられるか

表1 16年リオ五輪へ向けて28競技をIOCはランク付け

A	水泳	陸上	体操
B	バスケット	自転車	サッカー
	テニス	バレー	
C	アーチェリー	バドミントン	ボクシング
	射撃	卓球	重量挙げ
	柔道	ボート	
D	カヌー	馬術	フェンシング
	ホッケー	セーリング	テコンドー
	ハンドボール	レスリング	トライアスロン
E	近代五種	ゴルフ	ラグビー

……ランクが上がった競技

……ランクが下がった競技。ゴルフ、ラグビーはリオ五輪新競技

表2 04年アテネ五輪公式案内パンフレットにおける28競技（当時）の3分類

記録や着順を競う競技（13競技）	陸上、水泳、自転車、馬術、体操、近代五種、射撃、アーチェリー、カヌー、ボート、セーリング、トライアスロン、重量挙げ
得点を競う競技（10競技）	野球、卓球、テニス、バドミントン、バレーボール、バスケットボール、サッカー、ハンドボール、ホッケー、ソフトボール
対人の格闘技・コンバットスポーツ（5競技）	柔道、ボクシング、レスリング、フェンシング、テコンドー

表3 オリンピック憲章に定める「競技」「種別」「種目」の違い

競技 sports 28競技	陸上、水泳、サッカー、テニス、体操、柔道、ボクシング、レスリング等
種別 disciplines 39種別	**水泳の例＝**競泳、飛び込み、シンクロナイズドスイミング、水球の4種別 **体操の例＝**体操、新体操、トランポリンの3種別 **レスリングの例＝**グレコローマン、フリースタイルの2種別
種目 events 306種目	**水泳の例＝**男女100m自由形、バタフライ、背泳ぎ、平泳ぎ等46種目

リオ五輪実績

らだ。

なお、ＩＯＣの評価ランクは、16年リオ五輪終了後に「20年東京五輪に向けて」の更新された資料は報道されていない。理由は不明だが、ＩＯＣ内部では同様の評価が行われていると考えるのが自然であろう。

次にコンバットスポーツという概念に触れておきたい。２００４年アテネ五輪の公式案内パンフレットの中で、28競技が初めて３つの種類に分けて表記された（表2）。それは、「記録や着順を競う競技」「得点を競う競技」「対人の格闘技（コンバットスポーツ）」という分類で、柔道、ボクシング、レスリング、フェンシング、テコンドーの５競技は、それ以降〝コンバットスポーツ〟というひとつの同じ括りで論じられることが多くなった。

これにより、コンバットスポーツ内でのＩＯＣの評価の序列というのが、五輪競技としての存続に重要な意味を持つようになっている。これは五輪にコンバットスポーツの数が多過ぎるという指摘や、類似する競技の存在意義を疑う声が多いことによる。

例えば、柔道界では山下泰裕国際柔道連盟（ＩＪＦ）理事（当時）は「５つの競技の中で柔道を最も評価させることこそが我々の願い」と明言していたし、「レスリングと同じだと思われたら柔道は五輪から除外される」と危機感を訴える意見もそこかしこで出ていたのである。

空手の場合、特に類似競技であるテコンドーとの差別化が今後の重要な課題となるであろう。今回の空手のオリンピック競技決定を受けて、長年五輪での空手の実施に反対の立場を示していた世界テコンドー連盟（ＷＴＦ）の事務局長が歓迎の姿勢を示すコメントを発したとのことであるが、それはおそらく社交辞令だと思われる。

韓国政府はテコンドー振興法をもとに、今も師範を海外に送るなど国際的普及に尽力しており、ここ数年のテコンドーに関する国家予算は年間１００億ウォン（約９億円）前後という報道もあった。テコンドーはＩＯＣに対する政治的交渉力にも優れており、今後も空手にとって強力なライバルとなることは間違いない。

空手の「見るスポーツ」としての可能性

以上、空手の五輪競技採用の経緯と現状、課題を概説したが、続いて競技とルールの問題点について私見を述べることをお許し願いたい。

空手が「見るスポーツ」として欧州を中心に国際的な

評価を高めていることは事実だ。確かに組手のスピードとダイナミックさには目を見張るものがある。だが、遠い間合いから直線的に飛び込んで単発的に突き蹴りを繰り出して攻防が途切れる試合展開が多く、ラリーの続かないテニスの試合を見ているようで欲求不満を感じる。さらには、突き蹴りを直接相手に加撃せず、ポイントで勝敗が決するためゲーム的な印象が強く、〝試合の勝者が必ずしも強者に見えない〟という点で格闘競技としての物足りなさを感じる。

柔道やボクシングは固有の技術を用いて全力で戦えるが、空手は技術の根幹をなす突き蹴りの威力を安全上の制約でコントロールせざるを得ないという構造的な限界があり、観客をインボルブ（熱中）させることは難しい。ポイントについても何故、上段や中段の突きが1点で上段の蹴りが3点なのかという説得力に欠ける。

こう書くと、空手だけがルールや構造上の欠陥があるような誤解を与えるので補足すると、柔道の組み手争いや掛け逃げのように、どの格闘競技にも空手同様に多くの問題点がある。

そして、空手の組手競技には審判の肉眼による判断でどこまで正確かつ公平に判定できるのかという問題がある。電子防具を採用したテコンドーと比べると判定の客観性では明らかに劣る（電子防具にも問題は多いが）。審判の主観的な判定の難しさは空手の形競技はなおさらである。既存の五輪採点競技は技の不完全さは観客にも分かるし、体操のように落下したり、フィギュアスケートのように転倒したり減点要因が可視化されやすい。空手の形はよほどメリハリのない動きならともかく、減点要因が客観的にはほとんど分からない。

忘れてはならないのは、他の採点競技は全てメジャーな水泳、体操、スケートの国際競技連盟の傘下の「種別」の一つであり強力な後ろ盾があるが、空手は開催都市追加種目であり、WKFの立場は弱く、IOCに同様に理解されるとは限らない（表3）。

首尾よく形競技が定着しても、国家の威信や個人の命運がかかったオリンピックでは、審判の主観の比重の大きい競技は判定トラブルが多い。時として買収や不正行為すら起こる。

空手の判定トラブルとして有名なのは、1972年のWUKO第2回パリ世界選手権の団体戦での審判への不服から翌日の個人戦で日本を含む4カ国が棄権した一件だ。日本側関係者が「高校生や大学生の試験答案を小学

今回の空手道競技では組手と共に「形競技」も採用された。これは、テコンドーといった類似競技との差別化としては非常に評価される要素たりえるものと思われる。しかし、そこには「他の採点競技に比べた時の曖昧さ」の問題もあり、いかに空手独自の「魅せ方」ができるか?に今後のカギがあるものと思われる（写真は1980年代、世界選手権三連覇など国際大会を制し続けた佐久本嗣男師範の形「アーナン」の演武。佐久本師範の活躍によって、沖縄でもマイナーな劉衛流のこの形が世界中で研究され、演武された）。

生が採点しているようなもの」と弁明し、欧州側は棄権した選手の多くが同一の会派であったことを挙げて非難した。

全ての五輪競技団体は審判とルールの尊重、そして組織的統一性を求められる。空手界が過去の教訓を生かして一層飛躍することを期待したい。

ポイントゲーム化した柔道とボクシング

続いては、柔道、ボクシング、レスリング、テコンドーなどオリンピックで実施されている他のコンバットスポーツと競技形態やルールを比較した上で、空手の今後の五輪競技としての存続と発展の可能性を考えてみたい。

柔道とボクシングは、格闘技の中ではルールの完成度が比較的高い競技である。その理由は両競技とも使用できる技術を大幅に制限していることにより、逆に両競技の固有の技術を、試合でほぼ制限なく自由に繰り出せるという状況を作り出せていることにある。

柔道では打撃技の使用が禁じられている一方、「投げる」「抑える」などの技術は危険性の高いものを除けば、全力で相手に仕掛けることが可能なルールとなっている。

ボクシングはグローブを着用し、ナックルパートによるベルトラインより上のパンチのみを有効打とする厳格なルールゆえに、芸術的ともいえる拳による攻防が可能となっている。

だが、柔道、ボクシングとも勝利を収めるためにはルールの範囲内での抜け道がある。近年は一本勝ちやKO勝

ちを狙う正攻法の試合運びは徐々に影を潜め、ポイントゲーム全盛時代となっている。柔道における積極性アピールや時間稼ぎの「組《く》み手争《てあらそ》い（互いに相手の襟をより有利に取り合う攻防）」や「掛け逃げ」、ボクシングにおける度を超えた「クリンチ」や逃げの「フットワーク」、軽打で触れるだけの「タッチボクシング」と言われる消極的な姿勢がまかり通っている。中には組み手争いに終始する「組み合わない」柔道選手や、クリンチや逃げ専門の「打ち合わない」ボクサーもいる。

もちろん柔道もボクシングも、競技の本質を損なう面白くない試合の横行に対して手をこまねいているわけではない。柔道はタックルを禁じ、技によるポイントを重視し、延長戦を採用して旗判定を廃した。ボクシングはコンピュータ採点を廃して、審判による10点法の採点に改め、ヘッドギアなしのルールになった。ともに本来の技術による積極的な攻防を促す目的でのルール変更であり、相応の成果を収めたが、更なるルールの抜け道を探る戦術も模索され、解決に至っていない。

フォールの目的を失ったレスリング

レスリングは近代オリンピック最古の格闘技ながら、13年に五輪中核競技から外され、危うく五輪競技の表舞台から消えるところであった。その理由は度重なるルール変更を繰り返しながらも、理解しやすく、観戦者を納得させるルールを生み出せなかったことが一因である。

特に04年アテネ五輪後に採用された3ピリオド3本勝負という昔のプロレスのようなルール（2本先取した選

手が勝ち）やそのピリオドが両者無得点で終了した場合に抽選で一方の選手が有利なポジションで延長戦を開始するルールはほとんど支持されなかった。観客からの目線ではそこそこ分かりやすさはあったが、事実上、抽選で勝敗を決めるルールは選手・関係者からは不評だったようだ。

レスリングは古来ポイント勝負の傾向はあったものの、究極の目的はフォール勝ちであった。ところが四半世紀以上前から細かいポイントを重ねてテクニカルフォールに持ち込むのが、より効率的な勝ち方であるという共通認識が持たれるようになっており、相手を組み伏せて制圧するレスリングの本質が損なわれて「点取りゲーム」になってしまっている。

フリースタイルとグレコローマンという2つのルールについても、男女平等の見地から女子グレコ導入の動きがあるが、ＩＯＣは現行のフリー、グレコ、女子（フリー）の各6階級計18種目への更なる種目数の上積みを認めるとは考えにくく、6階級からの削減を求められる雲行きもある。女子グレコ採用は各スタイル階級削減を同時にもたらす懸念がある。逆に階級を減らされるなら男子も含めて〝グレコを廃止せよ〟という意見すら出かねない。

電子防具で技術が変質したテコンドー

テコンドーは11年から電子防具を採用し、判定の公平性と透明性が保てるようになると思われたが、そう簡単には事は運んでいない。

フェンシングのように剣を用いての遠い間合いからの攻防なら、電子防具の反応の誤作動は少ないが、間合いの近いテコンドーでは相互の体が触れたり、擦れたりしてもセンサーが作動してしまうため、電子防具に対応する試合用の技術が用いられるようになっている。カット（押し蹴り）やステップ（カットに対して接触を避けるディフェンス）がその代表的な技術であるという。いずれも電子防具を用いない試合ではさほど有効な技術ではないため、疑問を呈する声も上がっている。

さらには、頭部への蹴りのポイントが胴部への突きや蹴りより高いため、最初から頭を狙って片足を上げた選手が互いに距離を徐々に詰め合う展開が見られ、テコンドーの本来あるべき実戦的な姿との乖離《かいり》が著しい。リオ五輪では序盤に点数を重ねた選手が、後半は消極的な逃げの姿勢になることがあり、「面白くない」という指摘もあったという。

同じく電子防具を用いる伝統競技フェンシングは唯一武器を用いる独自性があり、五輪競技として定着しているが、歴史の浅いテコンドーは、空手との類似点が多いばかりか、競技形態やルールについてもまだ検討と試行錯誤の過程であることは否めない。

判定の客観性では最も劣る空手

競技としての空手の最大の課題は、審判の判定の客観性を担保し、公平性と透明性をどのように高めていくかにあるだろう。

　まず、組手についてだが、世界空手連盟（ＷＫＦ）奈藏稔久事務総長は『相手にダメージを与えた者にはペナルティを課す』という、格闘技としては一見矛盾したルールを共有し、全身全霊をこめて突き、蹴りを相手に繰り出すものの決して相手を倒すことはない。このやりとりから生まれる緊張感（略）…に、誰もが魅力を見出しているのだ」（『月刊武道』16年10月号）と述べている。「全身全霊をこめて突き、蹴りを相手に繰り出すものの決して相手を倒すことはない」というダブルバインド（二重拘束）の条件下で競技を遂行するのは非常に難しい。奈藏事務総長はそこに「誰もが魅力を見出す」としているが、これはかなり逆説的な言い回しであり無理がある。ましてやそれを審判が客観的に評価して判定するとなると、さらに難易度は高い。空手競技化の最大の課題を「魅力」という言葉に置き換えるのは詭弁とも受け取れるのだが……。

　しかし、ノンコンタクトまたはスキンタッチ（いわゆる「寸止め」）の空手には〝競技の美しさ〟があるのは事実だろう。例えばグローブ着用で連打を認めればキックボクシングのような競技になるが、寸前で突き蹴りを止めるからこそ一応は空手特有の技術が保持されているように思う。もちろん、寸止めルールの組手は遠い間合いからの直線的な動きとなりがちなため、空手の近い間合いからの攻防の機微や曲線的な動きなどは反映しにくいが、ともかくも空手の技術的なオリジナリティを感じさせてくれる競技形態であることは間違いない。

　次に奈藏事務総長は『月刊武道』誌上で形《かた》について、「形は古来より伝承されている空手の技を凝縮した、いわば文化」であると述べている。また「オリンピックへの4度目の挑戦で初めて形と組手の両種目を提案」し、「発祥国開催のオリンピックであるからこそ」形を加えて提案したことを明かした。つまり地元東京五輪で形の文化性を世界に示すことが目的であることを明示したわけだ。

　私は個人的には空手の形は素晴しいと思っており、ネットなどでよく見ているが、寸分の狂いもないダイナミックな動きは正に日本が世界に誇る貴重な身体文化であると思う。だが、これを競技として客観的に点数化し、順位を付けるとなると話は別だ。

　前述の通り、空手の形はよほどメリハリのない動きならともかく、減点要因が観客にはほとんど分からないため、オリンピックの舞台で実施するのが適当なのかどう

かが疑問としてある。選手はＷＫＦが定めた１０２種の形の中から選んで演武するが、流派の色彩が非常に濃い。流派の多元的な価値観を認めるのが空手の特徴であり良い所ではあるが、審判員の出身流派の違いや好みもあり採点が割れる可能性がある。そこが競技スポーツとしてはネックになるような気がする。

奈藏事務総長も空手の形を「文化」と性格付けており、むしろ、モンゴル相撲やトルコ相撲、ペルシャ相撲のように、沖縄空手をユネスコに申請して、無形文化遺産への指定を目指す方がよりふさわしいと思う（厳密にはモンゴル、トルコ、イランとも、民族格闘技そのものではなく祭典としての登録）。

空手の目指すべき方向性

今回、空手の五輪競技化が実現したＩＯＣへの申請は２０２０年東京五輪開催地追加種目に加わるための単発的かつ野球など他種目との包括的なコンセプトに基づくプレゼンテーションであったが、今後は五輪競技に継続的に選ばれるためのアプローチが必要となる。当然、別の戦略が必要となり、その際の方向性については今後、早急な検討が必要である。

・種目数は8種目のままでよいのか。また、組手6種目と形2種目の内訳のままでよいのか。

・選手数合計80名は少な過ぎないか。

・ルールは現行通りでよいのか。

・類似五輪競技のテコンドー対策と住み分けはどうするのか。

・すぐには難しいにしても、将来的には直接打撃制や防具ルールなどの一部採用の可能性はないのか。

など、検討課題は山ほどある。

空手は多様性が持ち味だけに、あらゆる可能性を否定せず、更なる検討を続けて欲しい。その際には空手の母国日本としてリーダーシップを発揮することを望む。

これは空手の永久的な五輪競技化の千載一遇のチャンスである。■

(編集部追記：2019年2月21日、空手は2024年パリ五輪の追加種目候補から外れたことが明らかになった。それを受け、世界空手連盟のエスピノス会長は、国際オリンピック委員会のバッハ会長を介して、パリの大会組織委員会に候補案の再検討を求めたという。)

Part 4

沖縄空手の視点で見た
空手〝伝統形〟の本質

今野敏　**Konno Bin**

1955年、北海道三笠市生まれ。上智大学文学部時代の1978年、『怪物が街にやってくる』で問題小説新人賞を受賞。大学卒業、東芝EMIに入社。1981年、同社を辞め、作家に専念。2006年、『隠蔽捜査』（新潮社）で吉川英治文学新人賞を受賞。2008年、『果断 隠蔽捜査2』で山本周五郎賞、推理作家協会賞を受賞。作家活動と並行して、古流空手の型を研究し、実戦的な技を学ぶ「空手道今野塾」を主宰している。

語り◎今野敏（空手道今野塾）
取材・文◎増井浩一　構成◎『月刊秘伝』編集部

形の正しい読み解き方

――2020年に東京都で開催される第32回夏季オリンピック（東京五輪）に、開催都市が提案できる追加種目（旧公開競技）のひとつとして、「空手道」が採用されました。まずはこのことについて、今野先生の率直なご意見をお聞かせください。

今野　無責任なことを言わせてもらうなら、困ったことになったなあ、と（笑）。数年前、あまりにも空手が競技として広まってしまったことに対して、沖縄出身の空手家として長年、本土で貢献されてきた空手道研修会の金城裕《ひろし》先生（故人）が「これからは空手を広めない努力をしなくてはダメだね」と私におっしゃっていたことが思い出されます。オリンピックともなれば、空手がますます〝競技としてだけ〟認識されていく可能性が高くなるからです。

――オリンピック種目採用、特にそこに「形《かた》」競技が組手競技と共に採用されたことは、空手にとってもその特色を改めて世界にアピールできる好機と捉える一方、それが競技としての発展に拍車がかかることで、空手の本質とも言えるものが本来の姿を完全に失ってしまう契機ともなりかねない懸念もあります。

そもそも空手の形が持つ本質とは、先生はどのようなものだとお考えでしょうか？

今野　昔の沖縄では、形は人に見せるものではなかったんです。競技も含めて、形を人の前で演じてみせるというのは、明治中期以降になってのことだと思うんですね。そして、大切なのは「形を練習する」のではなく、「形で練習する」ということです。

――「形で練習する」とは、具体的にはどのような？

今野　空手の技というものはすべて形の中に入っている……ですから形はマニュアルであり、ノウハウであり、秘伝書でもあるんです。要するに空手（「唐手」「手」）は文献・書物を残さなかった代わりに、それらを「形」の中に伝えてきたということですね。

　ところが古い書物や秘伝書などは、手元に実物があっても、読み解き方を知らないと意味がわからない。空手の形も、"正しい読み解き方"がわからないとなんの意味もないんです。ですから、昔は優秀な弟子には、先生が口伝とともに変手（ヒンディ＝いわゆる分解組手）を教えることで伝統を守っていたんです。

――空手の形には、意味がわかりづらい動作が多々あります。

今野　競技化されてからは、さらにわかりづらくなったのではないでしょうか。これは私の体験なんですが、本土で学ばれている形を習っても、まずその意味がわかりませんでした。しかし後年、同じ名前の形を沖縄の先

ワンシュウの突きはナイファンチなど他の形にも多く出てくる代表的な沖縄空手の突き。身体側面に仮想の壁を作ることで、その反動が体幹を通して拳へ集中するため、腰の捻りを必要としない分、相手に悟られない"見えない突き"となる。

チンクチの利いた肩正面への正拳突き。

形を正しく読み解くと、そこに技が生まれる

「『形が使えない』という人の多くは、形が示す通りの基本を訓練していない」と今野師範は指摘する。例えば、中段突きに対する下段払いからの逆突き。形でも頻出するこの動作を、本土流入後に組み立てられた基本組手では①〜③のように、一旦下がって下段に払い、改めて逆突きを出す形で修練した。しかし、それではどんなに早くしても2テンポの動作を越えられない。一方、④〜⑥は「ワンシュウ」の一動作そのままに一歩を踏み込みながら下段払い、逆突きを一調子で極める（ワンシュウ⑦〜⑨）。「こうした動きが達人の〝見えない突き〟を生むのです」（今野師範）。

拳の握り方の大事

①のように四指を強く折り曲げて握り込むと手首が緩む（②）。指は軽く曲げながら小指と親指で挟み込めば（③〜④）、手首までしっかりとした拳が作れる。こうした口伝も大事だ。

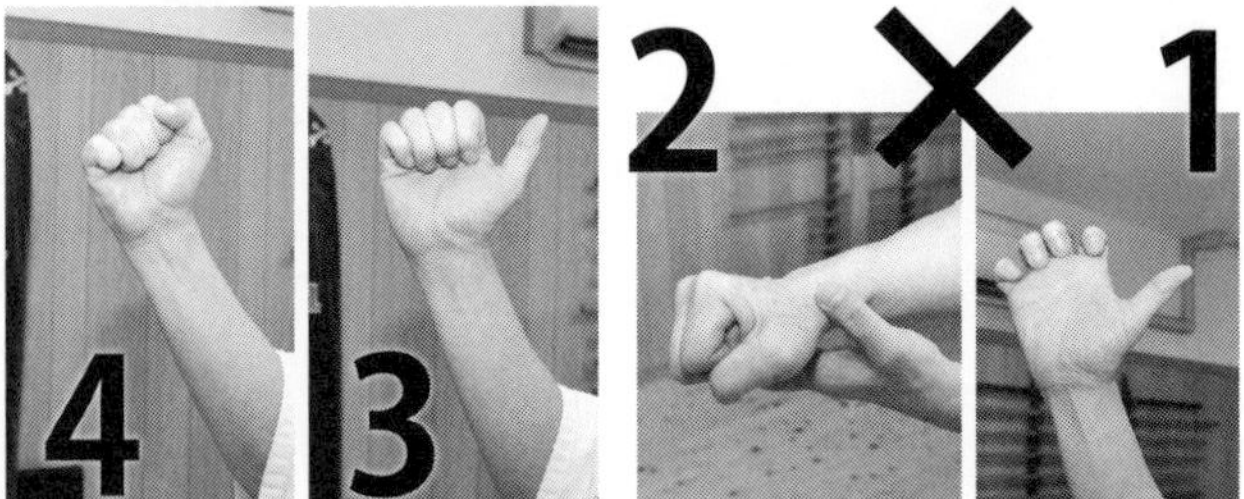

このような拳が作れるからこそ、上のような超接近の突きでも十分、チンクチの利いた威力のある重い突きを放つことができる（⑤～⑥は手を接する距離からのサンドバッグ突き）。

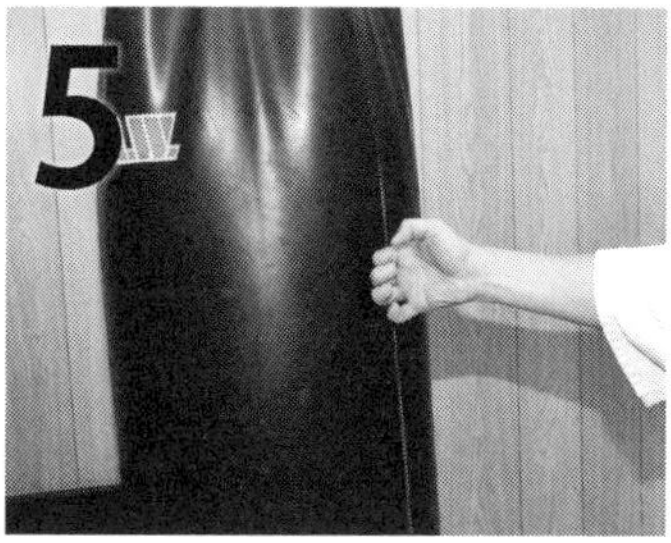

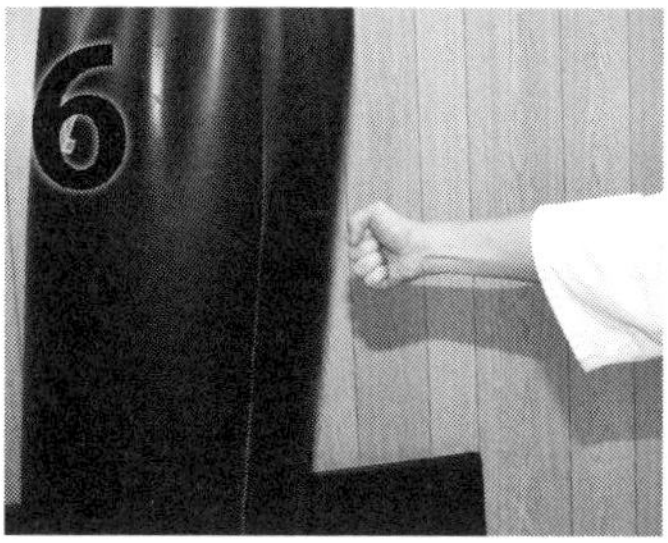

生に教えてもらうと、その場ですぐに理解できるんです。要するに、本土に伝わってから人を経るごとに、どんどん形が変わってしまったのでしょう。一概に競技だけが悪いのではないでしょうが、競技によって〝人に見せる〟という行為が、そこに拍車をかけた部分は否定できない。競技のために作り出された、いわゆる「指定形」はその典型ですね。

〝達人を生み出すシステム〟＝形

今野　言ってみれば、体操競技と同じです。体操そのものは健やかな健康体を作り出すものであったとしても、競技となれば、より見栄えのいい、難易度が高い動作をこなす姿に、より比重が置かれてしまう。その意味では形に限らずとも、現在トップで活躍する「空手」選手たちは、アスリートとして非常に優れていると思うんです。でも、彼らが今の形を１００年練習したとしても、そこに〝達人〟は生まれません。なぜならシステムが違うから。

昔の沖縄でやられていた形は、達人を生むためのシステムなんだと私は思っています。ところが空手が沖縄から本土に入るときに、そうした理念が正確に伝わっていないんですね。

それに加えて、空手を推進した各大学の学生やＯＢが、形や、その中の技を西洋の体育理論と結びつけたという背景もあり、本来あった武術的な要素が失われてしまった。そうした考えのもとに再構築された形が広まることで、いよいよ空手の形が持っていた〝達人を生み出すシステム〟も時代に埋もれていったわけです。

――それは例えば、突きや蹴りといった基本的な動作においても言えるのでしょうか？

今野　言えますね。例えば突きなら、多くの会派で身体の真中、正中線を突きますが、これが間違っていて、本来の古流（形）では肩甲骨の前を突くのです。だからこそ、突きにチンクチがかかるんです。

――「チンクチ（筋骨）がかかる」というのは沖縄の言い方で、言わば〝突きに威力が乗っている〟状態ですね。まさに筋骨の構造に合った突き技であると。

普通、武術で正中線は攻防の要として認識されるので、これを知らなければ、〝中心を突く突き〟こそが正しいと、何ら疑問に思わないかもしれません。確かに、これだけで全ての技術が変わってしまうかもしれませんね。

これもワンシュウから、蹴りを捌きつつ交差立ちとなっての下段振り当て。本土に渡り「燕飛」と呼ばれる形となってからは、大きく飛び込む一番の見せ場となるが、沖縄伝のそれはいたって地味な動作だ。

右写真の入身を逆側から見たところ。

先の逆突きで重要なのは、①のポジションをいち早く制すること。この位置は相手の正中線を容易に制することができるので（②）、例えば、足をナイファンチ立ちに変化させるだけで相手を倒すことも簡単にできる（③）。形がナイファンチに始まり、ナイファンチに終わる所以でもある。

体育としての発展も空手だが…

——しかし、世界に互して競い合うトップ選手たちは、その正確な動きやスピード、そしておそらくパワーや気迫においても、そんじょそこらの格闘家に引けをとらない、アスリートとしての高いレベルにあることに感心させられます。

今野　本土に空手を伝えた船越義珍は伝統的な空手（唐手）の指導を受けた一方、唐手の体育としての可能性を模索し集団指導のシステムなどの近代化を図った糸洲安恒の薫陶も受けています。その教えと、本土で影響を受けた講道館の嘉納治五郎の武道理念が、人作りの体育として空手を昇華させる先駆けとなりました。そこには学生たちを指導した三男の義豪師範の影響も大きかったでしょう。

さらに当時の大学生たちが自分なりに解釈をして作っていった練習体系も加わって今日の空手になっている面が大きく、その延長線上に彼らアスリートの活躍があるのですから、一概に否定することはできません。〝空手をいかに使うか〟という命題は、空手に現在のような幅広い多様性と拡がりを与えたのも事実でしょう。

ただ、その多くはルールの中でいかに高いパフォーマンスを発揮するかということであり、若く、体格なども含む〝才能〟に恵まれた者が頂点を目指して競い合う、「空手」と名の付く新たなスポーツを生み出したということに過ぎません。

——先生の言われる「達人を生み出すシステム」というのは、そうした若さや才能に左右されない……左右されにくい体系であるということでしょうか。

今野　そうです。もちろん、沖縄の先達たちがそうだったように、形を行うことが体を鍛え、筋骨を逞しくしていく作用もありましたが、その中には空手独自の戦闘理論、どのように戦うべきなのかといった、まさに〝空手そのもの〟が込められているのです。

沖縄にあった昔ながらの形

——今野先生はこれまで沖縄へ自ら何度も足を運び、伝統の空手を発掘されてきました。

今野　はじめて沖縄へ行ったのは１９８０年代ですが、幸いなことに当時はまだ、昔の喜屋《きゃん》武朝徳や知花朝信といった先生方に直接学ばれた先生が御存命でしたし、まだまだ昔ながらの鍛錬法を守り続けている先生方がいらっしゃいました。

――昔ながらの鍛錬法というのは、何か特別な方法が行われていたのですか？

今野 いえ、やり方は同じです。要するに、昔ながらの形が行われていたということですね。ただ、沖縄でも現在は全空連傘下の県連（各都道府県空手道連盟）の一つとして多くの空手人が試合に出て活躍されています。ルールがあれば、その中で勝つための技術が求められ、それが発展していく。それは競技というものの宿命で仕方がないのですが、オリンピック参加も決まり、今後は沖縄といえども伝統が生きながらえていくのは相当厳しいだろうと思います。

――その一方で剣道や柔道など、現代においても武道とされるものには総じて「形」が存在し、いわゆる組手（地稽古、乱取り、等）と形は車の両輪とは言われるものの、特に若い実践者のほとんどは形に熱心とは言い難いと思います。空手だけが、早くから形を競技としたことで、若くしても様々な形に触れ、実践する機会を得られています。

今野 そうですね、それは空手にとってもけっしてマイナスではなかったと思います。これが組手競技だけになってしまうと、空手がますます本質から離れたものになっていくことは容易に想像できますから。

また、もちろん形競技に限らず、努力精進の末に競技で成績を残していくことは素晴らしいことです。私自身、そうした目標のもと、空手に汗を流した時期を経て、現在があるわけですから。

――問題なのは、空手競技がメジャー化すればするほど、〝その姿こそが空手である〟と限定されてしまうことでしょうか。

今野 空手を通じてアスリートが増え、空手人口も増える。それは空手にも、現代のスポーツ界にとっても良いことだと思うのですが、形競技があるが故に、そこで行われている形が正しくて、他のものは正しくないということになってしまうと、これは逆に怖いことなんです。

特に、比べられると、見た目にカッコ悪いですからねえ、元々の形というものは（笑）。

――なんでカッコ悪いんでしょう？

今野 いや、カッコ悪いというより、地味なんですよ。最初に申し上げたように、元々、形には「見ても分からない」という要素が備えられる必然があった。人に見られてはいけないもの、見られたくはないものだったわけですから。

――一方、試合至上主義とも言えるフルコンタクトの試合競技を重ねた空手選手の多くが、現在、壮年層だけでなく比較的に若い層に至るまで、本来の空手の形を模索するようにもなっています。

今野　私のところにもフルコンタクトの大流派に所属しながら、習いに来ている方がいます。

――競技空手全盛期には形不要論といったものまで囁《ささや》かれましたが、今、空手は「形を遺した」おかげで、再び一つにまとまることも可能となっているようにも思えます。

今野　本来の空手が伝えた「形」というものが持つポテンシャル、その広大な裾野を一競技に押し込めてしまうのはあまりに惜しいことだと思います。

オリンピック参加を通じて、今後、空手はかつて経験しなかった注目を浴びていくと思いますが、その中にあって少しでも〝本来の空手の姿〟へ目を向けようとする空手人が育ってくれることを願っています。■

Part 5

武道空手の視点で見た
形に秘められし"捕らえて打つ"戦闘スタイル

中 達也　Naka Tatsuya

1964 生まれ。日本空手協会総本部師範（七段）。13 歳の時に和道流の道場に入門し、空手を開始。高校時代は目黒高校空手道部、大学時代は拓殖大学空手道部に所属。数々の大会においてタイトルを獲得する。その後、日本空手協会の研修生（第 28 期卒業）となる。現在は、日本空手協会・大志塾を主宰し、後進の指導に当たっている。西冬彦原作の映画『黒帯』で主演を務め、『ハイキック・ガール!』『KG』にも出演。沖縄の地での空手探究『グレートジャーニー・オブ・KARATE』に続く、『Kuro-obi Dream』では " 日本格闘技界のレジェンド " こと中井祐樹師範らと熱い技術交流を繰り広げている。

取材・文◎『月刊秘伝』編集部

『ハイキック・ガール』に現れた空手の形の驚くべき実戦性

「相手と強さを比べるためではない。人に技を見せるためでもない。ひたすら基本の技を繰り返し、身体の使い方を変えていく。それが形の稽古」

世界初の超本格空手映画とも称される『黒帯』の原作者 西冬彦監督が２００９年に世に送り出した『ハイキック・ガール』。右記はその劇中で、今や日本を代表するアクション女優となった武田梨奈が演じる主人公・土屋圭の師である空手の達人・松村義明が語った台詞である。

「形は本当に使えるのか？」をテーマとした本作のラストでは、松村が伝統の形を応用した凄まじい空手アクションを繰り広げ、空手の形に秘められた驚くべき実戦性を世に示し、武道界に大きな衝撃を与えてみせた。そして、その松村を演じたのが『黒帯』でも主演の一人を務めた中達也師範である。

中師範曰く、形とは「地図」だという。空手という広大な大陸を、形という地図を持ちながら、自分の身体を頼りにその極意を求めて探検する。それが空手の修行であり、道なのだと。

「相手を固定して打つ」武道空手独自の戦闘スタイル

中師範が『ハイキック・ガール』の劇中で示した数々の空手技の中でも、非常に特徴的なものの一つに「相手

形の修行を通じ、競技の枠に留まらない武道としての空手を探究し続ける中師範。「相手を捕手で固定して打つ」ことは、空手にとって本来あるべき重要な技法の一つであるという。

平安二段

を固定して打つ」という技法がある。２０２０年の東京オリンピックにおける追加種目となった空手。その組手競技におけるルールは伝統派に則ったノンコンタクトのポイント制で、いわゆる「寸止め」だが、他の打撃格闘技と違って、なぜ空手が寸止めなのか？「スポーツとしての安全性確保のため」「敵を傷つけないのが武道精神だから」確かにそういった声もあるにはあるが、中師範はより武術的に納得のいく答えを返してくれた。

「空手本来の重要な技法の一つとして、『相手を捕手《とりて》（関節技）で固めて打つ』というのがあります。自由に動く相手に打撃を効かせるのは簡単ではありません。そこでまず、捕手で相手を防御も反撃も不可能な状態にしてからとどめの突き蹴りを入れる。逆に言うなら、打つ前に既に相手を抵抗不能にしているのなら、別に最後まで打ち抜かなくてもいい。だから『寸止め』なのです」

競技空手の試合ではまず見られない、武道空手独自の戦闘スタイル。それらは全て、伝統の形の中にこそ秘められていると中師範は語る。

二軸と体の伸縮が生み出す爆発的な速さ

平安二段に含まれる左列の一連動作には、武道空手の重要な身体操法が表れている。両肩付近を通る二本の軸の意識が体幹の無駄な回転運動をなくし、胸骨のあたりにある中丹田が体の伸縮を生む（①）。中丹田を「締める（②）」・「拡げる（③）」ことで、身体内部が伸縮し、その力が末端の拳足へと伝達され、筋力によるものとは全く異なる爆発的な速さが実現する。

平安二段を応用した固定打撃

相手が右上段を突いてくるのに対し、左手で受けると同時に右拳を相手の顎に打ち込む（①②）。この時、左手は既に相手の右手を捕らえている。打ち込んだ右拳を掌に変え、肩口から差し込んで相手の頭を押さえる（③）。次いで捕らえた右手を上方に、押さえた頭を下方に、さらに右足を股関節を真横に開かせる方向に払う。これら異なる三方向への崩しを全て同時に行うことで、相手は一瞬で地に這いつくばるような形になり完全に固定される（④⑤）。最後に動けなくなった相手の後頭部へ、下段正拳突きを打ち下ろしてとどめを刺す（⑥）。

空手着を着るからではなく形があるからこそ空手である

追加種目の段階とはいえ、空手がオリンピック競技に選ばれたことで、空手のスポーツ化が今後より加速することは間違いないだろう。

また、フルコンタクト空手、グローブ空手、バーリトゥード空手など様々なスタイルが勃興する昨今、形というものを全く顧みない空手団体もさして珍しくない。オリンピックに採用された伝統派空手でさえ、組手競技と形競技はトップ選手になればなるほど、ほぼ完全に切り離されているのが普通である。空手界がこういった勝利至上主義・競技偏重に陥っている現状に対し、中師範は大きな危機感を抱いている。

「決められたルールに沿って勝敗を競うだけが目的なら、わざわざ形をやる必要はないでしょう。しかし突きはボクシング、蹴りはムエタイを採用して、それで空手着を着れば空手なのか？　そんなわけはないと思います。空手の先人たちが積み上げてきた武の結晶である形を学ばなければ、空手であって空手でない我流のものになってしまう。個人の研究による応用はもちろん必要ですが、それぞれの流派におけるオリジナルの形の中にある技から工夫、変化させてくのが筋というものでしょう。

空手がなぜ空手なのか？　何を以て空手と呼ぶのか？　それは伝統に基づいた、流派独自の形というものがあるからこそ空手なのです」

他の打撃格闘技と空手を分《わか》つ最大のファクター、それが形であると中師範は断言する。中師範の所属する日本空手協会は船越義珍《ふなこしぎちん》を祖とする松濤館《しょうとうかん》流の流れを汲み、形と組手を修行の両輪として捉え、競技の枠に留まらない武道空手を目指しているという。

また、小学三年生ながらも形競技のジュニアの全日本王者として、東京オリンピックの空手競技採用に向けたアンバサダー（大使）に任命され、様々にメディアにおいて大きな注目を集めた〝天才空手少女〟こと高野万優《まひろ》選手も、日本空手協会の所属である。

東洋哲学の陰陽論に基づき構成された伝統の空手の形

中師範が現在、自身の修行を通じて特に感じているのが、伝統の空手の形が東洋哲学の陰陽論に基づいて構成

鉄騎初段

鉤突きから中段逆突きへの変化

鉄騎初段の代表的動作である鉤突きから、そのまま身体を正面へ向ければ拳先・足先・鼻先が同一線上（中国武術でいうところの三尖相照）となり、強固な中段逆突きが形成される。体側面にある軸を正面へ持ってくるような感覚で行う。

一般的な現代空手の突き方は、正面から押し込まれると容易に体勢が崩れてしまう（上写真）。だが鉄騎から変化した突きならば、段違いの強固さを発揮できる（下写真）。

右頁の下写真を側面から見た図。まずは両肩付近を通る二本の軸を確立し（①）、左肩側の軸を中心に、身体を回すのではなくキャタピラで巻き込むように正面へ向けてゆく（②③）。

されているということだという。

「形で行う動作の緩急や力の強弱、中丹田を使った体の伸縮、攻撃も防御も全部陰陽なんです。攻撃が陽で防御が陰。技で使う時は右手が陰、左手が陽になっていて、それが交互に出てくる構成になっている。おそらく伝統の形は全部、こういった陰陽の理に則して出来ているはずなんです」

中師範は指導などで海外に行った際、現地の武道家から「私が新しく創った形だ」という創作形を見せてもらう機会があるというが、そのほとんどが陰陽の理が欠如したものだという。

「東洋思想が理解できていないと本当の意味での形には成り得ません。でも、外国人にはこれが難しい。どうしても形をテクニックとして捉えてしまう」

海外では新興武道の立ち上げは日常茶飯事だが、そこの〝宗家〟が創作した形の多くは、現代において実戦的と思われるテクニックの寄せ集めだ。彼らからすれば「実戦的なテクニックを集めれば実戦的な形になる」ということだろうが、中師範は「形は実戦

岩鶴を応用した固定打撃

相手が左上段、右中段と突いてくるのを右手刀で連続して受け、引き込んで崩す（①②）。転身しながら捕った右腕の肘関節を肩で拉ぎ折り、とどめの肘打ちを叩き込む（③～⑥）。

日本空手協会
日本空手協会

テクニックの集合体では断じてない」と明言する。伝統の形には実戦において無駄と思われる動作もあるが、そこには必ず陰陽の理が貫かれているからだと。

形は見せるためではなく自分自身を向上させるために

「人に見せるためではなく、自分の身体を通して新しい発見や工夫を重ねて、身体操作や技量を向上させるのが本来の形稽古の目的。身体と相談しながらゆっくり力を入れずに楽しんでやることで、色々なことがわかってきます」

２０１９年で55歳となるのが信じ難いほど若々しい中師範だが、その〝枯れない〟秘密は間違いなく空手への尽きることのない情熱にあるのだろう。

「形をやってると『ちょっとした身体の使い方で、こんなにも技が変わるのか！』って驚いたり、『あっ、だからこの形はこういう動きじゃなければいけないんだ！』『昔の先生が言っていたのはこういうことだったのか！』って気付くんですけど、その時の感動はものすごいんです。稽古の後、一人でニヤニヤしていますね（笑）」

今は毎日の形稽古が、空手が楽しくて仕方がないという中師範。組手競技の選手として輝かしい成績を残した現役時代よりも、現在の自分の方がはるかに速く、強くなっているという。

「自分の技を作り出すのが形。潜在能力を引き出し、一瞬で身体を変えてしまうこともありますが、それも形の役目の一つ。形が教えてくれるんです」

形を何よりも重んじながら、誰よりも〝型に嵌《はま》らない〟中師範。その歩む先は、まさに武道空手の道である。■

第2章

空手進化論

【組手編】

我が空手 〝試《し》合《あ》う流儀〟

空手に宿る〝闘いの方法論〟を探求！

受け継がれてきた空手の技術を、
実際に相手と組み合う攻防の中で活かす。
空手の組手試合の魅力は、そこにある。
WKF主催の大会における組手試合、
それは2020年東京五輪における試合形式でもある。
その試合でくり出される突きや蹴り、
さらにはフルコンタクト空手出身の選手が
格闘技の世界で見せる技、
そして伝統派空手から受け継がれている術理。
それらは、時にお互いに影響を与え合いながら、
それぞれ多様な発展を遂げてきた。
そこに込められた、空手の〝試合う流儀〟に迫った！

『月刊秘伝』2017年7月号より

Part 1

空手道〝組手変遷史〟

〝空手とは何か?〟を模索した、空手人たちの思いの結晶

文◎『月刊秘伝』編集部

〝組手〟の無かった本来の空手

今や〝世界のＫＡＲＡＴＥ〟として、『世界最大のスポーツの祭典』オリンピック競技にまで成長した「空手」。その影には、組手競技の世界的な発展が不可欠であったことは論をまたない。しかし一方で、空手における「組手」、ひいてはその延長線上にある競技形式（試合）ほど、多様性に富むものはない。オリンピックに採用されるそれは、あくまでその中の一形態と言える。

そこには、武道や格闘技を「近代スポーツとして再編する」という普遍的な難しさがあるのは確かだが、それだけに留まらない〝空手ならでは〟の事情も垣間見ることができる。

そもそも琉球（現在の沖縄）において、〝護身術〟として発した空手（手、唐手）が、１９００年代に初めて本土へ本格的に伝えられた当時、空手とは「巻藁突きに代表される部位鍛錬」と「一人で演じる〝型《かた》〟」を鍛錬するものに過ぎなかった。修業の大半はこれら一人稽古をひたすら繰り返すことが求められた。この状況の中、多くの空手修行者が「では、実際に〝空手〟を使いこなすにはどのようにすれば良いのか？」という問いに対して、自ら答えを模索したものが「組手」への試みとなった。

そんな空手の組手を見る場合、その発展は大きく三つの形態に分類される。「防具組手」と「当てない組手」、そして「直接打撃の組手」である。

ここで言う「（攻撃を）当てない」とは、突き蹴りという打撃技法をメインとする空手が自由な攻防を展開する上でとった究極の選択であり、俗に言われる「寸止め」というワードを定着させるに至ったものだ（故に以後、「当てない組手」は便宜的に「寸止め組手」と呼ぶ）。そ

組手形を示す本部朝基（右）。空手普及の黎明期には、このように型から抽出された技法を示す組手（分解組手）はあっても、断片的で、稽古体系として確立するには至っていなかった。なお、ここで技を受けているのは若き日の山田辰雄師範である。

カキエィを演武する沖縄剛柔流の東恩納盛男師範（左）。互いに重ねた手首を押し引きする中で、相手を崩し、技を掛け合う。対人稽古という意味では、那覇手において伝統的に行われていた組手の一つといえるだろうか。

して、この「寸止め組手」へのアンチテーゼとして台頭したのが、「直接打撃の組手」である。なお、ここで「直接」としているのは、先の防具に対比して、「直接、人体へ突き蹴りを当てる」ということである。

これら三つの形態は、互いに影響し合い、その様相は複雑に入り組んでいる。そこが空手の難しいところでもあるが、そこにはいくつかのキーワードが存在している。

沖縄空手の組手とは⁉

本土における組手に対する試みを見る前に、まずは原点となる琉球（沖縄）において、組手はどのような位置にあったのだろう？

前述のように、本土に紹介された「空手」は型のみだったとしても、本場沖縄では「組手」に相当する稽古体系があったのではないか？と考えるのは自然なことだ。しかし、現在をもってしても、この部分に明確な回答は出されていない。

それでも、沖縄空手界の重鎮、松林流宗家の長嶺将真《ながみねしょうしん》は、自著『沖縄の空手道』の中で、「昔は（空手の）組手を『変手《へんで》』と称していた」と語っている。この変手とは現在「分解組手」と解釈されるが、ただ技の手順を互いに組んで行う約束組手とは異なるものだという。

「変手というのはね、約束組手ではありません。もっと高度で、ルールもないものなんです。（中略）まだ人を殺す程の威力のない段階で、攻防を学ぶために行ったんです」

と長嶺は語っている（「月刊空手道」1985年3月号）。ただ、古流柔術においても例えば、上級者同士の形稽古となれば、型通りの動きの中でも時に自由な変化技が繰り出され、それを防ぐといった稽古に発展することがある。空手の「変手」もこうした、特にルールを設けずにやり取りが交わされる変化技の訓練に近いのではないかと思われる。

一説に、空手黎明期の実力者として知られる本部《もとぶ》朝《ちょう》基《き》はこの変手において、本格的に空手を学ぶ兄たちに敵わなかったことから、いわゆる「掛《か》け試《だめ》し」に精を出したと伝えられる。この「掛け試し」こそ、〝元祖空手の自由組手〟といったイメージで捉える向きもある。しかし、その実態は当時沖縄において「辻」と呼ばれた盛り場で、互いが暗黙の了解の元に始められた〝喧嘩〟であって、古き良き（?）時代の（少々荒っぽい）文化風俗的

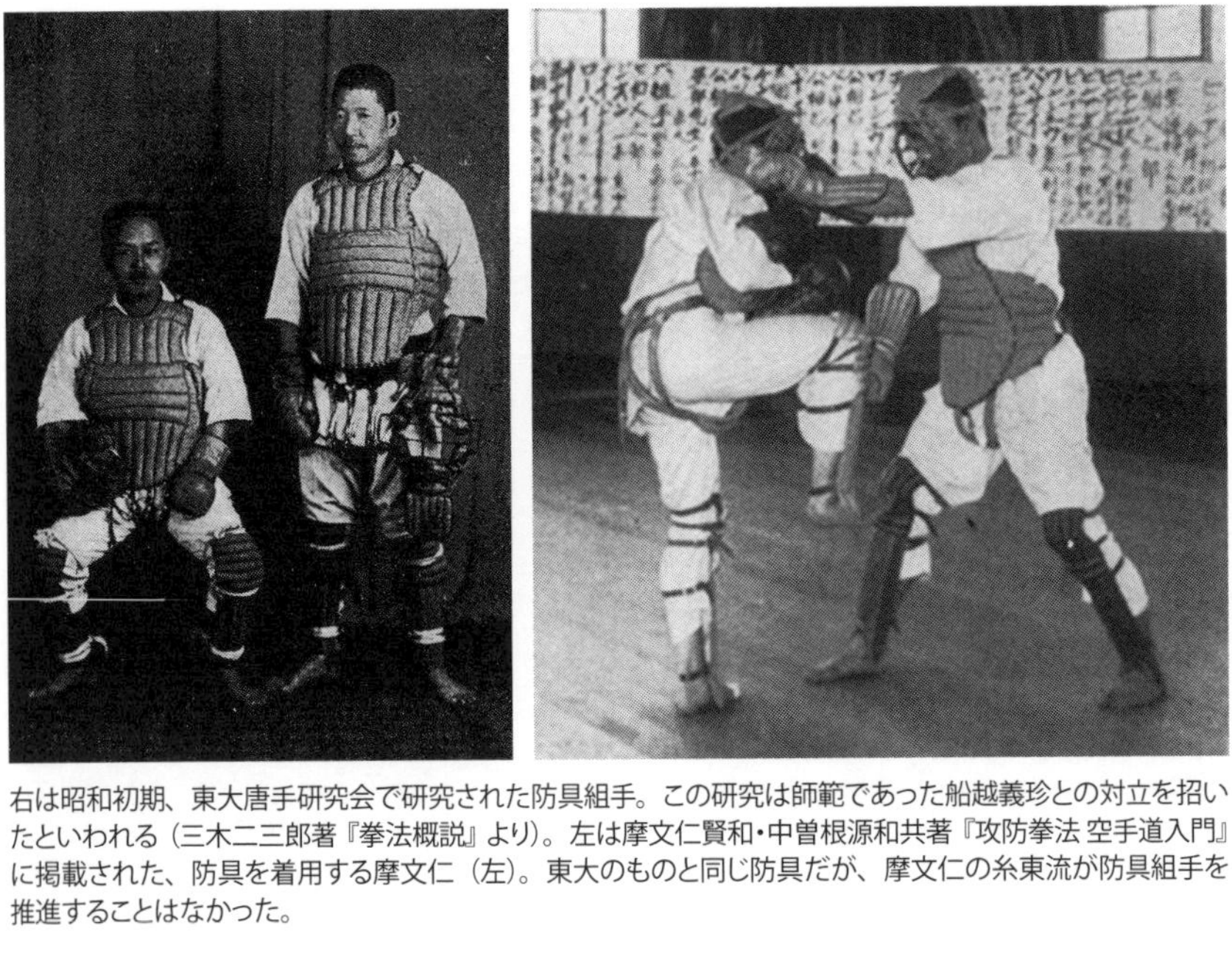

右は昭和初期、東大唐手研究会で研究された防具組手。この研究は師範であった船越義珍との対立を招いたといわれる（三木二三郎著『拳法概説』より）。左は摩文仁賢和・中曽根源和共著『攻防拳法 空手道入門』に掲載された、防具を着用する摩文仁（左）。東大のものと同じ防具だが、摩文仁の糸東流が防具組手を推進することはなかった。

側面はあるものの、空手の稽古体系として認識するには、いささか乱暴の感が否めない。

対人練習という枠でみるならば、松林流や小林流などの首里手系においては「チブル（頭）・サーエー（抑え）」という稽古法がある。本土では「鍛眼法」とも呼ばれているが、相対した両者が互いに掌で相手の頭を触ることを競い合う訓練法だ。攻防における機微と鋭い反射神経を養うものとして、距離をおいた俊敏な攻防に妙を得たという首里手ならではの稽古体系である。

一方、剛柔流に代表される那覇手系では「カキエィ」がある。現在も沖縄剛柔流などで頻繁に行われているが、互いの手首を重ねた状態のまま、押し引き（掛け）される中で崩し合いや、時に関節技を掛けたりする攻防が展開される。一見、太極拳における推手のようだが、互いに相手の重心を探り合う推手よりも、カキエィは文字通り腕の「掛け合い」の感が強く、いささか筋肉質な〝粘り気が強い〟印象である。これも、「ムチミ（「ムチ」は餅の沖縄方言）」と言われる、粘るような体遣いが、より強調される那覇手系の特徴をよく表している。

防具組手と一撃必殺

さて、防具・寸止め・直接打撃、この三形態の発生の歴史を追うには、あまりに紙面が限られている。そこで、ここではキーワードを元に、これら三形態の複雑な関わり合いを見てみよう。

まず、大きな論点となるのが、「空手は一撃必殺」という概念だ。かつて、空手の代名詞ともなった〝一撃必殺〟だが、総合格闘技すら普通に行われるようになった昨今、もはや死語とも言えるこの概念。これが空手の組手に大きく影響を与えてきたのは事実である。

一撃にて幾重にも重ねた板を割り、岩をも削らんという威力を示す空手の拳足は、当然、人体に当たれば只では済まない、と考えられてきた。こうした技術を、自由な応酬の中でいかに稽古するかを考える時、「防具着用」という発想は自然なことだ。

本土空手黎明期にはいくつかの流れの中で、防具の研究が試みられた。その流れは戦前から戦後へと受け継がれ、空手界初となる全国的な組手大会は防具組手にて開催されている（1954年12月。錬武館主催）。

現在まで多くの空手の流会派が防具組手を取り入れて

スーパーセーフ面の登場は空手界を超えて広く打撃格闘技の世界を席巻し、幅広い交流を促した。写真の大道塾では顔面パンチに加え、組み技をも取り入れたＫＯ制を実現した。

いるが、その多くは〝空手本来が持つべき一撃の威力〟に拘りを持っている。すなわち、防具によって安全は確保しつつも、しっかりと〝効かせられる威力〟を持つ突き蹴り、仮に防具がなければ致命傷となるそれを競い合うという原則。これによって、ポイント（有効無効）が判断されるということである。

さきの大会を主催した錬武館の流れを汲む、現在、全日本空手道連盟（全空連）において唯一防具組手を推進する全空連錬武会のほか、防具組手の最盛地となった九州で古くから防具を推進する少林寺流錬心館や全日本空手道千唐会《ちとうかい》、あるいは沖縄の防具組手の老舗である沖縄拳法など、特に歴史の古い団体にはその傾向が強い。

防具組手は防具の開発の歴史でもある。その大きなエポックメイキングとなったのが、1980年に登場した「スーパーセーフ」である。スーパーセーフはその後、「硬式空手道」（この名称はテニスなどの硬式・軟式に準《なぞら》えたもので、五輪参加が視野にあった）として推進される。この硬式空手では従来の一撃を以て流れを止めてしまう試合運びを廃して、連打による技の攻防が大幅に認められるルールとなった。

一方、スーパーセーフの、特に面防具はあまりに優秀であった。その利便性と耐久性の高さから、直接打撃において採用されたノックアウト（KO）制の組手形式に慣れた空手人たちは、これをKOルールにて次々と使用していくようになる。その嚆矢が東孝《あずまたかし》率いる大道塾だ（なお現在、同団体は新たに「空道《くうどう》」を名乗っており、オリジナルの面防具「NHG空」を使用する）。あるいは、弁証法などによる論理的再検討で伝統的な空手技術による文字通り〝一撃必殺（必倒）〟の威力と技術を模索した無門会なども、スーパーセーフがその理論検証に大いに役立っている。

このように、スーパーセーフの登場は、80年代後半より様々な団体で使用され、空手の幅をも飛躍的に拡げる働きをした。

直接打撃という衝撃

ここで、防具をつけない直接打撃の組手について触れたい。人体への直接打撃の組手とは、いわば「素面」をいかに実現するかという命題と捉えることができる。この方式で、後に最大の影響を残したのが、大山倍達《ますたつ》の率いた極真会館である。致命傷となる顔面（頭部）への突きなど手技攻撃を禁じた上で、フルコンタクトに打撃を加えるＫＯ制の実現は、コロンブスの卵的衝撃を空手界に与えた。

ただ、ＫＯにて勝敗を決するという意味では、最も早くこれを公式に空手界で実現させた流会派に、山田辰雄の日本拳法空手道がある。本部朝基の高弟であった山田は、その晩年となる１９６２年にグローブ着用のＫＯ制による第１回空手競技会を開催している。もっとも、当時の写真をみると、この大会では選手は防具らしきものも着用しているので、厳密には防具組手の範疇となるかもしれない。

空手界のグローブ使用の流れは、キックボクシングという新たな格闘技との関わりを深め、アマチュアの新空手を生み出した他、極真から派生した正道会館によって一部導入の後、新しいプロスポーツとしてのＫ-１を育んだ。

大山倍達がどこから極真式の直接打撃組手を創案したのか、その直接の要因は定かではないが、特に戦後にさきの錬武館の前身となる韓武館において、防具組手に触れていたことは大きな要因の一つだろう。また、大山の師として知られ、当時、韓武館の名誉師範でもあった曺《そう》寧柱《ねいちゅう》を通じて、山口剛玄《ごうげん》率いる剛柔会（現・全日本空手道剛柔会）の空手理念や組手に触れていたことは最大の要因と考えられる。

立命館大学時代に剛柔流を学んだ山口剛玄らは、早くから組手の研究を始めている。そこには、直接打撃に耐えうる体作りを重視した、那覇手の系譜も影響している事だろう。上地《うえち》完文《かんぶん》が創流した、同じ那覇手に分類される上地流は、さらにこれを先鋭化した感がある。

和歌山で産声をあげた同流は後に上地が沖縄へ戻った１９６８年９月、顔面寸止めながら首より下へはフルコンタクトで突き蹴りを入れる組手試合を公式に開催している（上地完英著『精説沖縄空手道』。極真第１回全日本大会は１９６９年９月開催）。ただ、この大会はあくまでポイント制が主体であるが、同じ形式でもよりＫＯに比重を置いている大会に、中村日出夫が率いた拳道会がある。

直接打撃の組手試合は、ＫＯをもって勝敗を決することを可能としたことで、一撃必殺信仰への強烈なアンチテーゼとなる一方、現実的な意味での〝一撃必殺（必倒）〟への様々な模索を空手人に促し、大きく前進させたと捉えることもできる。

〃一本勝負〃というこだわり

空手が本土に紹介された当時、その普及の大きな担い手となったのが大学生だった。血気盛んな彼らの間で、組手に対する様々な試みがなされた。

立命館では山口剛玄らによって当時「チョッパー（実戦組手）」と呼ばれた自由組手が模索され、防具組手からライトコンタクトで当て止める組手へと移行する中で、自由な攻防を実現させていた。

一方、船越義珍《ぎちん》に学ぶ松涛館《しょうとうかん》系の各大学においても、稽古のための組手の研究は進められた。そこで考案された五本組手、三本組手は「相手の攻撃を受け技で受け続けた最後に、受け側がカウンターで返す反撃を相手の寸前に極《き》める（寸止めする）」という「約束組手」であった。この〃極める〃という行為は、巻藁突きなど威力を養成する稽古における姿勢、体動そのままを、対人による実際の攻防の中で正確に試すことができる画期的なものだった。

ところが、この最後の反撃部分がいつしか反撃の反撃を呼び、互いに自由に攻防する、いわゆる「自由組手」を生み出したとも言われる。いずれにせよ、威力の養成は巻藁突きなどの鍛錬で別に行い、その養った拳足の技術を実際の攻防の中で〃当てることなく〃研鑽し向上を図る、こうした図式の中で「寸止め組手」は醸成されていった。

各大学の空手部の間では、こうして生まれた自由組手によって、盛んに「交換稽古」と呼ばれる交流が推進された。そして、学生連盟の起ち上げから１９５７年11月、待望の第1回全日本学生空手道選手権大会が開催された。

この大会以前より各大学によって組手の試合ルールが模索されたが、そこに影響を与えたのが松涛館系大学ＯＢを中心に結成された日本空手協会である。協会は同年10月、学生選手権に先立って、寸止めとしては初となる全国大会をスタートさせている。

この試合形式に採用されたのが「一本勝負」だ。一本（もしくは技有り二つの合わせ一本）で勝敗を決するという、まさに空手の一撃必殺思想を体現したものである。しかも、協会では後に多くの寸止め組手で使用される布製の拳サポーターすら着用することを拒み、あくまで「素手」にこだわった。

この一本勝負の形式は、後に派生するすべての協会系の流会派で継承され、世界的にも、拓大ＯＢである西山

顔面手技攻撃なしの直接打撃組手で最も飛躍的に向上したのが、独特の威力を誇るローキックだ。スネを武器として打ち込まれるそれは、受け方を知らなければ容易に戦闘不能に陥らせることも可能であることを知らしめた。一方、攻撃に耐えうる体作りへの再認識も、直接打撃によって大いにクローズアップされた（写真は極真館全日本大会）。

英峻率いるＩＴＫＦ（国際伝統空手連盟）などが中心となってこれを各地へ浸透させた。

協会の組手技術における躍進は、その草創期において剛柔流一派との交換稽古で手痛い敗北を期したことから発奮した結果だった。はじめは、巧みに接近戦に持ち込む剛柔流の組手に翻弄された協会だったが、他に先んじた研修生制度によって専門家育成に力を入れたことなどが功を奏して、ダイナミックで鋭い独特の組手を編み出すこととなる。これによって協会の空手は、他の会派を一頭地抜く実力をもって日本空手界をリードする存在となった。

組手とスポーツとしての躍進

一方、空手界の大同団結により結成された全空連は、１９６９年には第1回全日本大会を開催し、順調に裾野を広げる。翌年には世界組織ＷＵＫＯ（世界空手連合。ＷＫＦの前身）に、2年後には日本体育協会へも加盟し、名実ともにスポーツとしての空手の推進に尽力する。その過程において、活発な攻防を促す意味から二本4ポイント制（学生連盟もこれを採用）や三本6ポイント制などが模索され、安全面でも拳サポーターの他、仮に拳足が当たっても安全を確保するための「安全具（エア式のヘッドギア型からポリエステルの面防具、胸当てなど）」が工夫された。この安全具によって、高校生以下や女子なども、より安全に組手を行うことができるようになった（全空連では最高峰の全日本大会においても、80年代～90年代においては面が着用された）。

こうした全空連の躍進の中、台頭してきたのが、大塚博紀が創始した和道空手の流れだった。和道空手では「フリー」と呼ばれた自由組手を盛んに行い、独自の「流し突き」によるカウンターや、相手の手足を払い崩す技術などで多くの選手が活躍した。ここには和道空手の特色である、古流柔術における「仮当て」の感覚が活かされているものと思われる。また、この頃よりステップを踏むフットワークが主流を占めるようになり、一本勝負に見られたドッシリと構えて一瞬の隙を伺うスタイルは徐々になりを潜めていくこととなる。

審判方式も、寸止めにおける当たったリアクションのない攻防を、より正確に判定するために主審・副審が対峙する選手を常に挟み込むように側面から審判するミラー方式が行われた。この寸止め組手ならではの方式は

素手・素面の中で“一撃”の攻防を競い合う緊迫感に、空手の醍醐味を求める協会系の一本勝負。写真はその系譜を受け継ぐ団体の一つである国際松濤館の一本組手。空手の組手には、空手人たちの“想い”が凝縮されている。

長らく実施されたが、やがて主審一人に副審二人の三人制などの模索を経て、現在は主審一人に四隅の副審という五人制に落ち着いたようだ。

全空連に所属する多くの流会派は、会派独自の試合方式などを模索しつつも、全空連の組手スタイルを多くの空手人たちは受け入れていく。

ＩＯＣ（国際オリンピック連盟）加盟がなった世界組織ＷＫＦ（世界空手連盟）も審判方式やポイントについては概ね全空連の歩みと変わらない。ただ、早くから素面で行われ、それまでの常識に囚われない多彩な蹴り技が飛躍的に向上していった。現在は、高い蹴り技や足払いによる一瞬の崩し極めなどを高ポイントとする8ポイント差の先取で勝敗が決せられる世界大会だが、一方で勝敗を左右するのは空手ならではの鋭い突き技であり、その地力の高い選手が〝強い選手〟であるとは言えるだろう。

蹴りは華だが、実《み》は突きにある。そこに空手は空手としての武道的アイデンティティを今なお堅持している。■

Part 2

全日本空手道連盟ナショナルチーム　林晃監督に訊く！

オリンピックで金メダルをとる組手

“先手必中”——この１本を決める!!

林晃　Hayashi Ko

1961年、新潟市生まれ。13歳の時、父の道場設立を機に空手を始める。東京農業大学空手部時代に全日本空手道連盟ナショナルチーム入りし、以降現役引退まで継続。1982年 世界空手道選手権大会初出場。1983年、新潟市役所勤務。1986年 世界空手道選手権大会 70kg級２位、1988年 同大会 75kg級優勝、無差別級３位、1992年 同大会無差別級優勝。世界空手道選手権大会において日本人で唯一２度の優勝を果たしている。同年、現役を引退。2001年、新潟県空手道連盟国体監督就任。2008年、全日本空手道連盟ナショナルチームコーチ就任。2015年、全日本空手道連盟ナショナルチーム監督就任。

取材・文◎宇佐奈紗

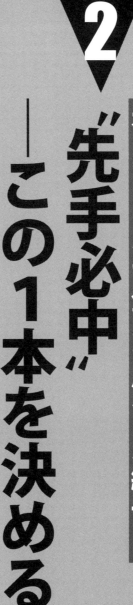

極真会館の選手が強化選手として合宿に参加

2017年4月2日。この日ほど全空連の名が注目された日は過去にない。強化選手選考会に2人の極真会館所属選手、髙橋佑汰と上田幹雄が参加したのだ。「全空連と極真の歴史的和解」と各メディアは数日前から報道を始め、当日は全空連が拠点とする日本空手道会館（江東区辰巳）に大勢のマスコミが駆けつけた。

全空連では毎年4月に選考会を行い、強化指定選手を決定する。ここで選に漏れると向こう1年間の国際大会参加資格を失うことになるため、どの選手も必死だ。馴れない全空連ポイント制ルールに髙橋、上田の両選手は2試合を戦って2敗、ノーポイントと苦戦を強いられたがその将来性を見込まれて強化育成選手として認定された。

「極真の選手は中段蹴りでも非常にパワーがある。全空連と極真ではルールが違うので正直難しい面はあったと思います。極真との間合いの違い、上段突きのスピードへの対応に苦労していましたが、よく覚悟を持って挑戦してくれたと思います」

こう語るのは林晃《こう》・全空連ナショナルチーム監督だ。WUKO（現WKF）世界空手道選手権大会で日本人男子としては唯一の2度の優勝（1988年エジプト大会、1992年グラナダ大会）を果たしている、世界トップ選手として活躍した人物でもある。

「髙橋くんは怪我で参加できませんでしたが、上田くんは第1回強化合宿にも参加しています。他の選手にも刺激になっていると思います。日本では層の薄い84キロ超級の選手だし、3年後をめざして成長してくれることを期待しています」

2020年東京オリンピックに向けて

3年後――。2020年東京オリンピック。それは全空連の空手が過去最高に注目される瞬間でもある。オリンピック新種目として大きな注目を集めることは、良くも悪くも変化を強いられる。その一端が今回の極真選手の強化選手選考会参加だ。極真2選手が順調に育てば他のフルコン団体からの参加希望者も出てくるだろう。観客は「空手界の大同団結」の夢を見る。全空連側も変化と無縁ではいられない。

東京都・辰巳の日本空手道会館で行われた「平成29年度ナショナルチーム第1回シニア選手強化合宿」には、極真会館所属の上田幹雄選手も招集された。

オリンピック新種目となったことは、全空連のみならず空手界にとって大きなエポックとなる。変化は必ず起きる。その変化を良いものとするか悪いものとするかはこれから次第。変化のさなかにある全空連そして空手の現在と将来を、林監督に聞いた。

様々な技術を取り込んで進化していくＷＫＦの空手

俗に〝ヨーロッパスタイル〟と呼ばれる。

ステップワークと蹴りを多用するヨーロッパの空手は、柔軟に他の格闘技の要素を取り入れ進化してきた。日本人は時に「あんなのは空手じゃない」と揶揄を、あるいは「長い脚を駆使した華麗な上段蹴りはカッコいい」と羨望を抱くが、日本人のそのような思いとは無関係にヨーロッパスタイルは長年ＷＫＦの空手の中心に君臨し続けている。

ヨーロッパと一口に言っても、日本空手の影響が比較的強く感じられる国もあれば、日本の空手とは全くの別物のように見える国もある。たとえばヨーロッパの強豪国のひとつであるイギリスは、イギリス人空手家の起こ

強化合宿２日目。午後の練習では、組手の選手たちは、長い時間を割いて同じ蹴り技の技術修得に励んでいた。上写真は、荒賀龍太郎選手（写真左）にアドバイスを送る林監督（写真右）。

した流派から多くの選手を世界大会に送り込んできているほどだ。

「いま注目している国は、フランスとトルコ、アジアではイランですね」

林監督に現在のヨーロッパの注目国を訊ねると、それらの国の名前が返ってきた。

「各国ともWKF主催の空手プレミアリーグで活躍しています。フランスは日本に次ぐメダル獲得国で、国を挙げての強化を進めています。また、トルコ、フランスに限らず、ドイツやスペイン、アゼルバイジャンなど強豪国は多い」

フランスは林監督が世界制覇を成し遂げるきっかけになった1986年世界選手権で決勝の相手ともなった、因縁の国である。その相手はどっしりと構えた日本空手の影響の強いスタイルだったたが、

「世界的に、ルールが2003年より〝8ポイント差をつけると勝利〟と変更になって以降、空手的な防御でなくダッキングを多用する選手が目立ってきました。ダッキングが空手のディフェンスのひとつとして確立してきた。ダッキングで躱して突きを出すといった攻撃も見られます」

まるでボクシングのようだが、

「そうですね。ダッキングはもともとボクシングの技術ですから。

構えにしても、私の現役時代は空手といえば相手に正対するものというイメージでしたが、いまの海外選手の中には極端な半身の選手も目立ちます。相手に全く体の前面を見せない、ほとんど真横に体を向けた状態から、前拳を防御と攻撃の両面で使う。前拳が邪魔になって相手が入っていけなくなることを狙っている、防御主体の構えです」

相手の前拳を殺して間合いを詰める、または左右に振るといった対策が必要だが、手足の長い海外選手に極端な半身の構えを取られると間合いに入りづらく戸惑う選手も多いようだ。また、蹴りに関しても、

「内回し蹴りにしても普通に蹴るのではなく、蹴りを躱したと思ってもそこから蹴り足の膝を曲げて巻き込むように上段を蹴ってくるような選手も出てきました」

普通に避けただけでは避けきれない。脚の長い海外選手にこのような蹴りをされるときわめてやっかいだ。

新ルール〝SENSHU〟に見る かつての1本勝負の姿

様々な格闘技を飲み込んで進化していくWKFの空手。日本人が持つ空手のイメージとはどんどん離れていっているようにも見えるが、林監督はオリンピック種目となったことでむしろ伝統回帰が起きるのでは、という見方も示す。

その根拠が今年2017年より施行されたWKFの新ルール〝SENSHU（先取）〟だ。

オリンピック種目に入ったことで、WKFは観客の視点からのルール見直しを行う必要にかられた。ポイントを取った選手が逃げ回るような消極的な試合を廃し、観客が最後まで目を離せないようなスリリングな試合とすることを目的にルール改定が行われたのだ。観客目線のルール改定はWUKO／WKFの歴史上初めてのことではないだろうか。

〝SENSHU〟とは、ポイント同点で試合が終了した場合、最初のポイントを先取した側の選手が勝利を得るというルールだ。1ポイント目が非常に重みを持つようになるため手数だけ出すような安易な攻撃ができなくなり、選手は慎重に勝負に入っていくことになる。

「昨年までもハイスコアの試合が多いというわけではなく、実際に8ポイント差がつくような試合はあまり見られなかった。ただ、このルール改定でよりロースコアの緊迫した試合になっていくのではと思います。最初のポイントが勝負を分ける可能性が高くなる。これはメンタル的にも非常に集中力を強いられる試合になるのではと思います」

実力の拮抗した選手同士だと同ポイントになる可能性が高く、事実上最初のポイントを争う勝負と言っても過言ではないだろう。それはまさしくかつての1本勝負の姿だ。オリンピックでは1本勝負の緊迫感が再現されるかも知れない。

敗戦から学び掴み取った成果

林監督は現役時代、清水裕正《やすまさ》、内田順久《よりひさ》とともに〝全空連ビッグ3〟と称された。清水は全空連全日本選手権で4度の優勝を誇る名選手、内田は現代の格闘技ファンにも内田塾塾長として知られる人物だ。大型選手3人がしのぎを削った時代は全空連全日本選手権が最も盛り上

近年の国際大会では、上の写真のように、極端な半身の構えで闘う選手がほとんどである。前拳が邪魔になり、相手にとっては入りづらい面もあるが、こういった傾向一つひとつにしっかりと対策を練り、試合や大会に臨まなければならないと、林監督は言う。

がった時代のひとつだ。

「清水くんは非常にクレバーな選手で、私は一度も勝てなかったですね。途中までポイントでリードしたときは、勝とう勝とうという意識が前に出てしまい、あせって遠い間合いから強引にいったところをやられて逆転されてしまいました。

逆に内田くんとは相性が良かったと思います。内田くんは非常にリーチの長い選手ですが間合いをしっかり詰めてのワンツーが効果的に決まりました」

並び称される〝ビッグ3〟だが、世界選手権を2度制したのは林監督だけだ。だが、ヨーロッパの選手に対しては決して最初からすんなり対応できたわけではないという。

「初めて世界選手権に出場したのは1982年台湾大会です。このときは初めて見るヨーロッパスタイルのフェイントに乗せられて敗れてしまいました」

そして1986年。林監督にとって空手人生で最も重要な敗戦となる試合がやってくる。

1986年の世界選手権はオーストラリア・シドニーで開催された。70キロ級に出場した林選手は非常に調子がよく、また3度目の世界選手権出場と既に場数を踏んでいたこともあり、周囲からの期待も大きかった。

決勝の相手はティエリ・マシー（フランス）。試合は林が中段蹴りで2ポイントを先行してはマシーが追いつくという展開となる。2―0のスコアが2―2になり、4―2のスコアが4―4になった。それでも6ポイント制の当時はあと2ポイントを重ねれば世界チャンピオンだ。

「蹴りの調子がよく、中段蹴りを2つ極めていたので最後も蹴りで極めようとしました。ところが上段蹴りを繰り出したらそれが相手の肩に当たってしまいました」

バランスを崩し転倒する林。あわてて逃げようとする。転倒した状態で突きを極められれば1本（2ポイント）で敗戦だ。このとき、相手の技が入って倒されたわけではないのだから審判が〝止め〟をかけるだろうという油断があった、と振り返る。

「逃げている途中で突きを極められて1本となり、敗れました。非常に悔しくて、控室に戻ったときに涙が出ました」

この敗戦は自分自身を見直す重要な試合となった、と林監督は語る。

「試合を振り返ってみると、向かい合ったときのマシー選手の存在感はすごかった。精神力の塊がそこにいるよ

林監督の現役時代の写真。強力な三日月蹴りを叩き込んでいる。林監督は、1988年と1992年の世界空手道選手権大会を制しているが、この写真はちょうどその間の期間に撮影されたもので、最も選手として脂が乗り切っていた時期と言える。
(「月刊空手道」1990年12月号より)

うな存在感で、あのようにならないと勝てないのだ、と痛感しました。自分の問題はメンタルなのだと気づかされました」

この敗戦を機に、練習や生活環境すべてを見直したという。地方（新潟）在住のため成人の練習相手がおらず、一人で基本や移動基本を行うだけ、組手稽古は全空連の強化合宿でしかできないという状態だった。しかしウェイトトレーニングを導入し、砂浜を走って足腰を鍛えた。砂浜にはテトラポットが置かれてあり、潮の引いたテトラポットの上をジャンプで飛び移って全身のバネも鍛えた。食事にも気を遣うようになった。

「強化合宿以外で組手稽古ができないことについては不利だとは思わなかったし、それによるあせりもありませんでした。むしろ、自分が世界の舞台に立てるのは和道流の指導者だった父、大学の師範である芦原瑞穂先生など、支えてくれる人があったからこそだ、と気づき、支えてくれる人のためにも少しでも何かを感じてもらえるような試合をしよう、と思うことが大きなモチベーションとなりました」

また、新渡戸稲造の『武士道』やオイゲン・ヘリゲルの『弓と禅』といった武道書を読み、メンタルを鍛えるヒントを探した。メンタルについてはこのように語る。

「大事な場面で緊張すると息が止まり、頭が真っ白になってしまいます。興奮してアドレナリンが出過ぎるのもよくない。しかし、自分自身が緊張していることに気づけば対策が取れます。自分自身で緊張していることに気づいていないとき、気づいていても対策を取る精神的余裕のないときは問題です。

緊張している状態というのは筋肉が固まって毛細血管にスムーズに血が流れていない状態。このような場合は腹式呼吸をゆっくりと行います。血流がよくなり、リラックスできます」

2年に1回開催の世界選手権では、翌大会である1988年エジプト大会で階級を75キロ級に上げて臨み初優勝を果たす。そして1992年グラナダ（スペイン）大会ではオープン（無差別級）にエントリー、並みいる世界の大型選手を下してついに無差別チャンピオンに輝いた。

強く魅力的な空手を見てほしい

指導者として迎える2020年東京オリンピックは、過去のどんな選手も経験したことのない注目を集めるものとなる。これについては、

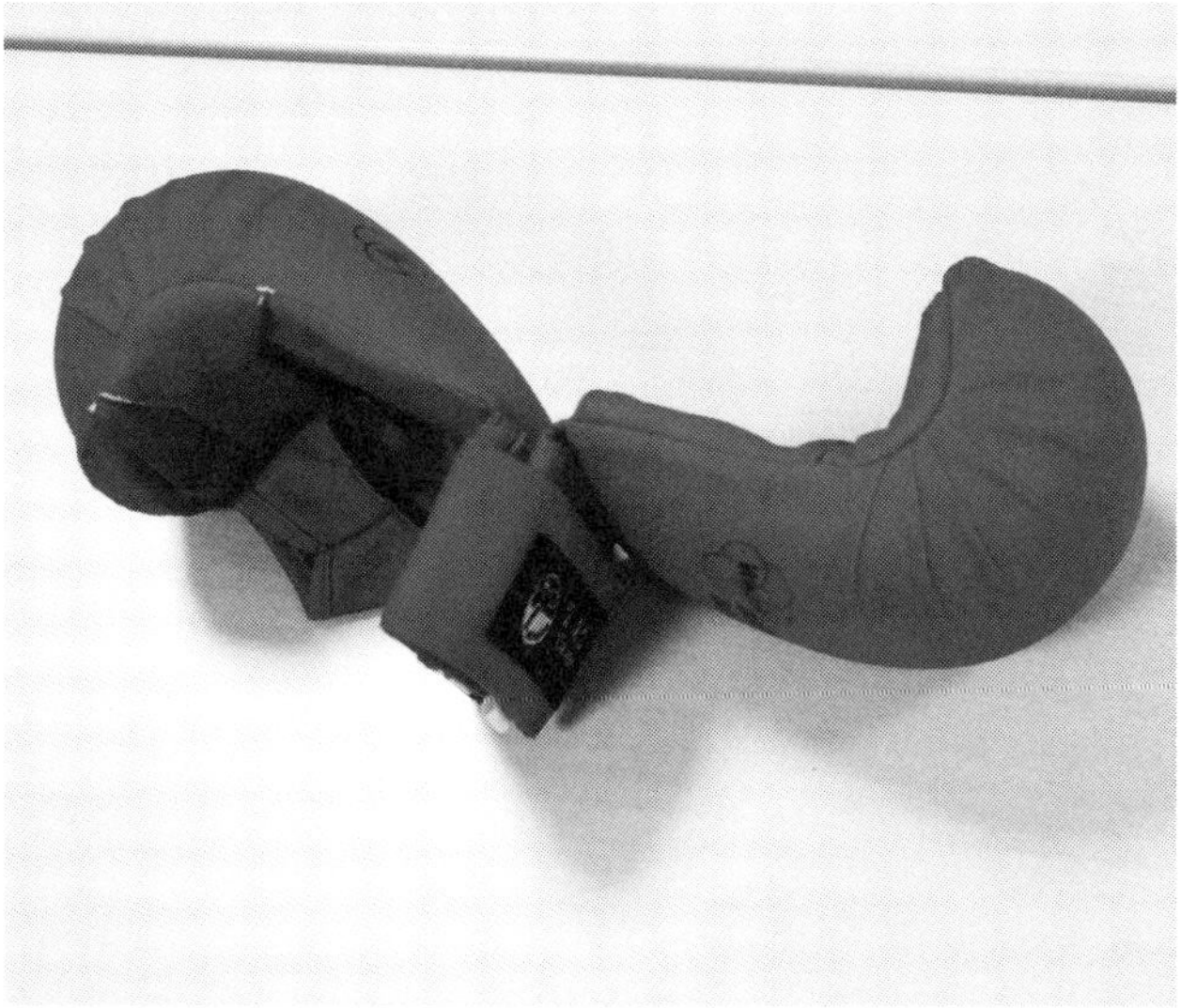

試合で使われる防具も進化してきた。拳サポーターは厚手になり、以前に比べ安全性において優れたものになっている。より迫力ある突きを出すことを可能にしている。

「注目を集める以上、選手たちの人間力がいままで以上に問われることになります。周りの人に対する感謝の気持ちを持って取り組んでほしいですね。

観客の人にとっても、WKFは観客を意識して改革を行ってきているので、楽しめるものになると思います。たとえば拳サポーターが非常に厚手のものになった。これにより選手の安全性が向上したため、寸止めというより上段はスキンタッチ、中段は相手を圧倒するほど強く当てに行く技を出さないとポイントにならない。

昔は当てると反則を厳しく取られたため、不必要に痛いふりをするような選手もいましたが、そのような選手もいなくなった。強く魅力的な空手を見てほしいと思います」

誰も見ぬ新たな地平へ。2020年夏、全空連とWKFは空手史に歴史を刻む。■

WKF／WUKOの試合ルールは空手にどのような影響をもたらしてきたのか。選手、全空連ナショナルチーム監督、そして国際審判の3つの立場で世界選手権発足時から関わり続けている柳田俊介氏に話を聞いた。

文◎宇佐奈紗

全空連ナショナルチーム監督、また国際審判として、長く世界選手権大会に関わってきた柳田俊介氏。現在は全日本空手道連盟 和道会 俊和義塾で後進を指導している。

世界選手権初開催に先立つ1968年、「第19回メキシコオリンピック記念国際空手道大会」がメキシコシティにて開催された。これが空手史上初の国際大会となる。

「私は選手として参加しました。試合ルールは1本勝負で、海外選手も日本に近い組手スタイルでした。このときは団体戦、個人戦ともに日本の完勝でした」

このときの選手団は、団長に江里口栄一氏、師範に大塚博紀、中山正敏、岩田万蔵の各氏、監督に伊藤公夫氏、そして選手は田畑祐吉、大石武士、三浦捷之、山上昌義、藤井荘三、村上邦夫の各選手に柳田氏を加えた、超流派で構成された豪華な布陣だった。

空手のスタイルが大きく変化するのは、WKF大会（1993年にWUKOより改称される）で多様的なルール変遷の歴史の中で6ポイント制が採用されてからだ。勝つために必要なポイントの数が多くなれば、必然的に手数の多い組手となっていく。

「この頃からリズミカルに動きながら蹴りを多用するヨーロッパスタイルが確立されてきました。空手が非常にスポーツ化されてきた印象を受けました」

日本国内でもそれに呼応するように、ステップワークを多用する鈴木雄一（1982年台北世界選手権65キロ級優勝、1983年全空連全日本選手権優勝）が登場。従来の日本選手にはない独特のリズム感で席巻、それまでの日本の組手を一変させた。

「鈴木雄一くんの組手から更に発展させて、たとえば林晃くん（全空連ナショナルチーム現監督）はそこに間合いの抜き差しを加えて、ヨーロッパの空手に対抗しました」

ヨーロッパと一口に言っても、比較的日本空手の影響の強い国もあれば、日本空手の影響のほとんど見られない国もある。

「イギリスやフランスなどは昔から日本人指導者が多く活躍している国です。特にフランスは武道としての空手を重視している。組手スタイルもヨーロッパの

Column

ルールの変化がもたらす空手スタイルの進化

日本空手の世界への影響、ヨーロッパスタイルの躍進、そして2020年へ

中ではクラシックです。それに対して、トルコやイランは現在のヨーロッパスタイルの最先端といえる国ですが、日本人が指導に行った話もあまり聞かないし、日本空手の影響は薄いと思います」

WUKO（当時）が主催する世界空手道選手権大会は、1970年、日本武道館で第1回大会が開催された。写真は第3回世界空手道選手権大会（1975年、アメリカ・ロングビーチ）での海外選手同士の組手試合。

スポーツ的で技が軽いと誤解されやすいヨーロッパスタイルの空手だが、しっかり突き込んでくる選手が昔から多く、非常に格闘性が高いという。

「1990年、ヨーロッパ選手権（ウィーン）を視察しました。このとき、まるでサンドバッグを突くように強く突き込んでいる選手が多く、イメージが変わりました。この頃は世界選手権では寸止めでの運用でしたが、ヨーロッパ内では中段突きは当てるのが当たり前という内容だった。

そして2006年、タンペレ（フィンランド）での世界選手権ごろから、世界でも中段突きは寸止めの観念で当てていくという運用に変わりました。この大会には私は審判として参加しましたが、しっかりした突き蹴りの迫力ある試合で観客も非常に盛り上がりました。2020年東京オリンピックでも、空手の〝道〟を守りながら、迫力があり観客の盛り上がる試合にできればと思っています」

Part 3

「総合格闘技」に見た〝必倒〟の組手

ナイハンチ

型で養う〝触れて〟倒す術！

重心集中の威力

菊野克紀　Kikuno Katsunori

1981年生まれ、鹿児島県出身。中学・高校は柔道部に所属し県大会66kg級優勝、九州大会同級3位。高校卒業後、極真会館鹿児島支部入門。2003年に全九州大会と全関西大会優勝。23歳で上京、A-SQUARE入門。06年、プロデビュー。09年、第5代DEEPライト級王者に。12年、沖縄拳法空手と出会い、山城美智に師事。14年からUFC参戦し2勝3敗。16年6月、DEEPで国内復帰。16年7月、10月、17年1月と巌流島連続参戦。クンタップ、小見川道大、ケビン・ソウザらに勝利。同年5月には、「巌流島WAY OF THE SAMURAI 2017」にて、ジミー・アンブリッツと体重差69kgの無差別級マッチに挑戦、脛の負傷により惜しくも無効試合に。170cm、70kg（試合時）。

取材協力◎CARPE DIEM BRAZILIAN JIU-JITSU
取材・文◎野村暁彦

空手を武器に総合的な強さを目指す！

2016年の夏に開催された『巌流島 WAY OF THE SAMURAI』。その第8試合で、ムエタイのクンタップ・チャンロンチャイ選手を右フック一発、僅か4秒で倒したのが、沖縄拳法空手道の菊野《きくの》克紀《かつのり》選手だ。菊野選手は、これまでDEEP、DREAM、UFCといった総合格闘技を舞台に、空手の技を主力兵器として活躍してきた選手である。

「もともと弱虫で泣き虫のビビりで、だから強くなりたかったんです」

そう語る菊野選手がもっとも強く影響を受けたのは、漫画『修羅の門』（川原正敏著／講談社）だったという。それまでは、戦いにおける強さと言えばプロレスやボクシングなど、定められたルールの中で戦うものだった。ところが『修羅の門』に描かれていたのは、ルールに縛られることも、ルールに護られることもない〝実戦〟の世界だった。この作品との出会いによって、菊野選手は「強さってルールの中だけじゃないんだ」ということを初めて認識したという。

「ルールの中で強くなりたいんじゃなくて、人間として強くなりたい。僕の目指す強さというのは、何かの競技のチャンピオンとかじゃないんです」

極真空手で培った打撃技

そんな菊野選手が格闘家を志したのは、高校3年生、18歳の頃だった。高校卒業後の進路について悩んでいたとき、ちょうどテレビでPRIDEを観たのがきっかけだった。殴っても投げても絞めても極めてもよい。ルール上もっとも技術的な縛りが少なく「言い訳ができない」ルール。この中で強いということは、少なくともその時点では〝強い〟ということだと感じた菊野選手は、総合格闘技を志したのである。

PRIDEのリングに立つためには故郷の鹿児島を出て、東京に行くしかないと考えた菊野選手は、高校を卒業すると、まず資金を確保するために土木作業員になった。そのとき、たまたま近所にあった極真会館鹿児島支部（松井派）の道場に入門して、木山仁選手（第8回全世界空手道選手権大会王者）の指導のもと、空手の修業を始めた。

中学から高校にかけての6年間は柔道をやって、それなりに投げ技や寝技ができるようになっていた。しかし

『巌流島 世界武術団体対抗戦』にて、1R 1分59秒、左ストレートでケヴィン・ソウザ選手をKOする菊野選手。
Photo：Ichiro Fujisato

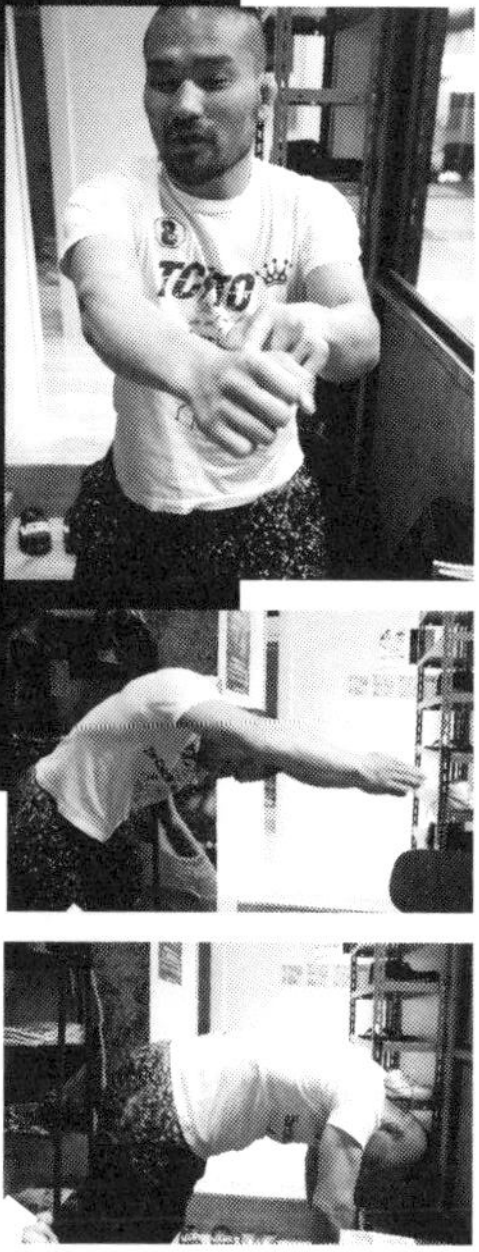

総合格闘技の試合において、沖縄拳法空手の理を実践し数々の相手を倒してきた菊野選手。その打撃の威力について「相手に触れた拳の中に、自分の全身が揃って全部入っていくイメージなんです」と菊野選手は語る。

当時は学校の部活として伸び伸びとやっていた程度だった。一方、極真会館では、5年2ヵ月の修業のうち4年2ヵ月は、内弟子として地獄のような厳しい稽古の日々を送ったという。その結果、必然的にメインとなるのが極真空手で培った打撃技になっていった。

「僕の柔道は鹿児島県大会で優勝する程度でした。柔道で僕より強い人なんて、腐るほどいるんです。でも極真空手の内弟子になって、そこから総合格闘技に進んだとき、僕よりローキックが強い人はいないわけです。単純な打撃の威力が僕より強い人というのは、それほど多くない。そうなると、やはり僕はそっち（打撃）を伸ばした方がいい。そこで勝負すべきだという、そういう流れがあったんです」

沖縄拳法空手〝触れる〟突きの衝撃

菊野選手は23歳で上京し、総合格闘家としての活動を開始した。しかし極真空手で培った打撃技も、総合の試合で最初から有効に使いこなせたわけではない。極真空手の場合、試合では顔面への突きが禁じられているため、どうしても間合いが近くなるのだが、この間合いでは、

ナイハンチ立ちと移動【重心の移動に身体を揃えていく】

①骨盤の幅の２倍に足を開き、両足の指先は真っ直ぐに平行にする。膝を外に張り、骨盤を固定する。みぞおちを張って踵とつなげる。このとき重心はみぞおちに集まる。②横を向くことで、重心がわずかに右にずれる。この重心の移動に全身を揃（そろ）えていく。③地面を一切蹴らずに、重心の移動に軸を揃えるように体を運んでいく。ボーリングの球が転がるように、体は決して弾ませず、重たい状態のままとする。

顔面パンチが認められているルールの中でやろうとすると、自分の間合いに入る前に相手のパンチを喰らってしまうのである。もちろんローキックが当たれば効くのだが、やはり殴られたり組まれたりして思うように戦えず、敗北を喫してしまった。

この間合いに関する問題は、キックボクシングを1年ほどやって解消したというが、一方で「空手って何なんだ!?」という疑問が湧いてくる。そんな菊野選手が沖縄拳法空手道の門を叩いたのは、今から5年前のことである。

「当時、DREAMのチャンピオンは青木真也選手でしたが、このままの延長線上で青木選手に勝てるのか…と考えたとき、勝てるというイメージが湧かなかったです。UFCのリングに上がってくる化け物のような外国人選手に勝てるというイメージが湧かなかった。イメージが湧かないということは、多分勝てないんですよ」

〝何か違うことをやらなければいけない〟そう考えた菊野選手は、本やDVDなど様々な資料を繙いたり、実際に何人もの武術家のもとを訪ねたりしたが、そう簡単に「これだ!」と思い、覚悟を決めて取り組もうと思えるようなものには出会えなかった。

ナイハンチの突き　【体外の軸が生む威力】

①ナイハンチ立ちから真横に向かって、拳から動いていく。拳に重心を揃えて、②地面を蹴らず、腰もひねらないで、手から動かすことで、軸が体の前にできる。その軸を中心とした遠心力と重心を揃えて相手にぶつける。

体の中に軸を作ると、体の重さは相手には伝えられない。体の外に軸を作ることで、体全部の重さを遠心力に揃えて相手に伝えることができる。

柔らかい押し合い 【脱力と骨格の調整】

①〜④推手のように手を触れ合いながら、前後の重心移動を体にしみ込ませていく。受ける時は前足を上げ、前に出る時は後ろ足を上げる。脱力して相手と触れた状態を維持しながら、相手との接点に常に自分の骨格、重心を揃えていく。この稽古で得られる感覚が突きや投げ、そして「神の手」（104頁参照）などの闘いの極意に繋がっていく。※③④は、①②の動きを単独で行っているところ。

「僕がそれを学ぶということは、人生を懸けるということです。生活が懸かっているし、夢が懸かっている。だから、そこまで踏ん切りがつくものに出会うことができずに悩んでいたんです。そんな中で、山城（美智《よしとも》）先生とお会いしたのですが、まさに、そこには僕が求めていたものの答えがあったんです」

山城師範に会って「目の前にポンと答えを出され、世界が広がった」と語る菊野選手は、初めて山城師範の突きを受けたとき、その威力に心底驚いたという。それは格闘家として数々のリングに上がり、プロの格闘家のパンチを何発も受けてきた菊野選手が「これは次元が違う」と感じるほどのものだった。

そのときの山城師範の突きは、いかにも威力がありそうな渾身の突きではなく、軽くチョンと突いたようにしか見えなかったという。にも関わらず「死ぬかと思った」というほどの尋常でない威力があった。しかも山城師範だけでなくその弟子の突きもまた、まるで交通事故に遭ったかのような、次元の違う突きだったのである。先生だけでなく、弟子も同じことができる。つまりこれは、先生だけが特別なのではなく、沖縄拳法空手の稽古のシステムそのものが優れているということである。

武術の理想を体現する闘い方

ずっと「空手って何だ!?」「型って何だ!?」と悩んでいた菊野選手は、その答えのすべてを沖縄拳法空手から見出すことができたという。それまでやってきた空手やキックとは根本的な原理がまるで異なっていたのである。

強いパンチを打とうとした場合、通常はまず地面を蹴って、そこから生まれた力を、腰を捻って拳に乗せようとする。一見正しいように思えるが、地面を蹴ると自分の体を脚で持ち上げて、重心を浮かしてしまうことになる。また腰を捻ると軸が自分の体の中にできるのだが、これだとデンデン太鼓のような構造になるため、体軸そのものを相手にぶつけることができず、軸の回転に振り回されている末端部分（手足）だけが相手にぶつかることになる。これでも当たれば痛いことは痛いが、体の芯にまで響くような威力は望めない。

沖縄拳法空手では、地面を蹴らず、腰も捻らず、手だけを動かす。すると、突きの動作の軸が体の外に飛び出して、拳に重心が乗った、相手に重く響く突きとなる。足腰の力で拳を突き出すのではなく、まず拳が走って、それに引っ張られるように体がついてくるのである。

“触れて”組手を制す

神の手

山城師範はこのような突きを、スッと針を刺してから薬を注入する注射器に譬えている。この場合、針が拳、薬が重心（体重）である。

こういった原理で拳を出すため、感覚的には相手を突くというよりは、相手を軽く触りに行くようにする。拳に体重がしっかりと乗った突きは、40〜50kgの体重があれば十分相手を倒すことができるのである。また足腰という体の根っ子の部分から動き出さず、いきなり手先から動き出すため、予備動作がないまま突くことができる。

相手に触れるようにすることで威力が出る沖縄拳法空手の打撃。さらに空間自体にも触れるようにすることで、相手は自分との距離を遠く感じるようになる。相手に圧をかけることなく、常に“触れ続ける”ことで、相手に接近を気づかせない。最上段の写真の菊野選手は左手の先に重心があるので、右手で突こうとも、左手の先から突くのと同じ間合いで、突きを繰り出すことが可能となる（上写真）。

武術としての威力は、単純に何百kgの力をぶつけるというものではなく、相対的なものである。予備動作のない突きは、相手がそれに反応する前に当たる。つまり何の準備もできていない無防備な状態のところに打ち込むことができるため、相手は大きなダメージを受けることになるのである。

「パワーに頼らず、スピードに頼らず、それ故に通常のパンチと比較すると体力を消耗しにくい。つまり歳を取って体力が衰えても、技術さえ上げれば強くなり続けられる。しかもそれらを型で学ぶ」まさに武術が理想としているものがそこには揃っているのだと菊野選手は語っている。

無意識の領域まで型を練る

本物の威力を持つ突きを出すためには、無駄な力は排除しなければならない。しかし型をしっかり行うためには、最初は力が要る。肩を落として脇を締め、膝を張る。初心者がこのような姿勢を取ろうとすると、どうしても力を使って型に嵌め込まなければならない。この場合の力とは、出力するための力ではなく、正しい姿勢を作るために使う力である。

沖縄拳法空手では、威力も速さも正しい姿勢から生まれると考える。だから最初は力を使ってでも正しい姿勢を作り、そこから力を抜いた状態でも型に嵌まった正しい姿勢が取れるようになるまで訓練する。逆に言えば、正しい姿勢を身に付けることで、初めて無駄な力を抜き去ることができるのである。

そして、型は意識的に注意点を守っているうちは実戦では使えない。注意点を守らないことが不自然に感じるくらい正しい型を無意識に落とし込むことで実戦で威を発する。

例えば菊野選手は手を差し出したとき、その手先に重心を揃えることができるという。しかしそれは、意識的に手先に重心を揃えているのではなく、無意識のうちにそうなっている。型はその流派の原理を形にした設計図である。型という設計図を何度もなぞることで、そこに込められた流派の原理を体現し、原理に則った体を作っていくのである。すると、スッと無造作に手を出しただけで無意識のうちに手先に重心が揃って、結果的に速くて強力な突きになる。そのような体になるために、型は無意識に動けるようになるまで繰り返し練習する。動作の手順を覚えるのではなく、動作を通して原理を体の奥深くまで浸み込ませるのである。

組手は自由に、技の引き出しはシンプルに！

しかし、いくら優れた型であっても、これを一人で行うだけでは、武術としては不十分である。型には相手との駆け引きといった要素も組み込まれてはいるが、型で身に付けた原理を技として体現するためには、対人練習を行わなければならない。相手からのプレッシャーを受け、緊張と恐怖の中でそれでも型通りの理合いで動くことを訓練するためには、やはり組手が必要となる。型と組手は両輪の関係なのである。

また菊野選手のように格闘家として格闘技のリングに上がり、ムエタイや総合格闘技など様々な分野の相手と対戦するに当たっては、やはり相手を研究しなければならない。

「これさえあれば大丈夫とか、これが最強とかいうものはありません。常に戦いは変化していくので、研究する必要があります。色々と研究して技の引き出しをたくさん作っていきます。でも引き出しを作るばっかりではダメですね。〝技オタク〟っているじゃないですか。あれじゃダメで、アウトプットする訓練が必要です。それも最良の選択を瞬間的にしなければなりません。これは数をこなさないとできないですね」

しかし一方で、徒に引き出しを増やすのではなく、なるべくシンプルに、引き出しの数を必要最小限にまとめなければならないとも言う。

「試合で一瞬一瞬に最善を尽くして〝今ここ〟に集中するためには、普段の稽古では動作を無意識に落とし込んでいかないと、意識的にやろうとすると囚われてしまいます。何も考えずに集中するだけで、すべての引き出しが引き出せる状態になっておかなければ、実際の戦いではなかなか使えないですね」

型は厳密に、組手は自由に。型に嵌めることと自由に動くことは表裏一体なのである。

「空手や武術というものは、先人が残してくれた途轍もない宝物です。命懸けで作り上げた知恵の結晶なんです。その素晴らしさを多くの人に伝えたいし、次の世代にちゃんとバトンタッチしなければいけないと思っています」

そう語る菊野選手にとって、沖縄拳法空手は自己実現

歩く蹴りからの突き

①蹴った足先に重心が乗るように前蹴り。②③蹴り足は引き戻さず歩くように進む。蹴り足に重心が揃っているので、その場で間も置かずに突きを出すことができる。蹴り足の重心も突きに合わさって威力は倍増。

三日月蹴り

前蹴りと回し蹴りの中間の軌道を描いて相手のガードをすり抜け、肝臓（あるいはみぞおち）を蹴り当てる。極真時代よりもガードを上げる総合格闘技の方がより極まりやすかったと菊野選手は語る。「結局、打撃はどう当てるか、戦略が大事です。最近は僕の突きが認知されてきたから、また蹴りにもチャンスが出てくるかもしれません」

のための道具であって目的ではない。素晴らしい道具と出会い、それを使わせてもらうことで自分を成長させることができる。そして同時に、その素晴らしさを、試合を通して世に発信したいとも思っているという。だからこそ、菊野選手は沖縄拳法空手を引っ提げて、競技者として格闘技のリングに上がるのである。■

【総合格闘技】仕様

構え

型に学ぶ空手の戦略「誘い、受け、崩し、攻撃」

半身となり、自分の中心線を隠す。右手は少し肘を張り、指を立てることで、手と背中をつなげている。左手も同様で、肩を落として脇を締めることで、指が動けば全身が連動するような状態になっている。古流の型と構えを競技用にアレンジし、日々研究に努めている。

菊野克紀オフィシャル WEB サイト　http://kikunokatsunori.com/
CARPE DIEM（カルペディエム）　http://carpediembjj.com/

Part 4

中達也×宮平保×山城美智

伝統の術理が深化させる組手
鼎談 古流のエッセンスが導く 空手エボリューション

取材・文◎『月刊秘伝』編集部
写真協力◎西冬彦
取材協力◎極真館 菅野道場

競技スポーツ化によって空手は本当に進化したのか？

――中国武術を源流に、沖縄から本土へ、そして世界に伝播した現代の空手は、正しく進化と呼べるものですか？

中　進化には〝進〟む進化と〝深〟まる深化、両方あると思います。ただ、本来ならまず稽古があり、その成果を試すために試合があったはずなんですけど、今では本末転倒で試合のための空手になっている傾向がある。競技ルールによって指導体系、技術体系まで変わってしまう。競技スポーツという観点で見れば、これも進化ということになるのでしょうが、どこに基準を置くかが難しいところですね。

僕が組手競技の選手として現役だった頃は、ポイントを取るのではなくガチンコの強さを求めていました。ガツンッと殴られて歯が折れたら、それを隠して「歯なんて折られてない！」くらいのことをやってたわけです。だから、当てて効かせるよりもスピードを重視する、現代のスポーツ競技空手の組手とは当然間合いも変わってきますし、武道として一番重要な心理的な圧力も違ってきます。

もちろん、現代の方がポイントを取るテクニックは遥かに上だと思いますよ。ただ、良い悪いは別にして、僕らはルールの中のみの強さではなく、武術本来の強さを求めてきたわけですから。僕自身は今、「空手ってなんなのか」「本来の空手はどうだったのかな」と深める方の深化を目指しています。

宮平　中先生がおしゃる通り、競技という枠の中では、数十年前に私が空手をやっていた頃とは比較にならないほど進化していると思います。

ルールのない実戦を前提とする中国武術にしても、時代的な背景や環境によって技術内容は変わるものです。今の時代に実戦を求めて、命をかけた試合をやる必要があるのか？　例えば総合格闘技は制約の少ない格闘競技ですが、より実戦的にと称して、あれをさらに危ない形にすることは私は反対ですね。競技を基盤とした技術的進化は、今の時代に適したものだと思います。

山城　僕の見解では、空手は「別の流れになった」という感じですね。どの流派も自分たちの進化を望むんですよ。だけど、世界から要求されるものに応えてる進化もたくさんあるんです。今の伝統派空手の選手たちは、世

互いの拳を交えることから始まった、中師と山城師の出会い（写真上）。沖縄の天行健中国武術館にて、中国武術の試合様式である塔手の姿勢で向き合う中師と宮平師（写真右）。現在の武術界において、それぞれのジャンルで勇名を馳せるこの三師範の縁を繋ぎ、夢の共演を果たしたのが空手ドキュメンタリー『グレートジャーニー オブ KARATE2』である。『黒帯』『ハイキックガール』『いま忍者 初見良昭八十四歳』など数々の名作を生んだ西冬彦氏が手掛ける、超一流の武術家たちの魂の交流はまさに必見。

中 達也　Naka Tatsuya

1964 生まれ。日本空手協会総本部師範（七段）。13 歳の時に和道流の道場に入門し、空手を開始。高校時代は目黒高校空手道部、大学時代は拓殖大学空手道部に所属。数々の大会においてタイトルを獲得する。その後、日本空手協会の研修生（第 28 期卒業）となる。現在は、日本空手協会・大志塾を主宰し、後進の指導に当たっている。西冬彦原作の映画『黒帯』で主演を務め、『ハイキック・ガール!』『KG』にも出演。『Kuro-obi Dream』に続く最新作、沖縄の地での空手探究『グレートジャーニー・オブ・KARATE2』では、山城美智、宮平保の両氏と熱い技術交流を繰り広げている。

界からの要求に応えてる人たちなんです。だから、決してどちらかが優れているとかではなくて、どちらも進化を望んでいるということなんです。

進化論から考えてもそうなんですよ。外部の何かに影響を受けて、生き残るために変わらなければならない。現代の空手が今、これほどに多様化している理由は、それぞれが独自の進化を遂げたからなんです。

僕らのは泊手《とまりて》の原型なんですが、それが一番だとは僕は思わないんですよ。ただ生き残る手段として、この方法がいいんだと思ってやっているのが僕らの空手だし、伝統派空手もフルコンタクト空手も、それぞれに生き残り方を考えていて、そこに対応しているだけだと思います。

進化の過程で見落とされた伝統空手の武道的な価値

——現代の空手は競技をベースに組手技術を進化させてきましたが、その過程で忘れられがちなものとは？

中　……難しいですね。僕は今、まさにそこを追い求めているわけなんですが、具体的にそれが何かはまだわからない。先ほど宮平先生と山城先生がおっしゃったように、時代の流れに応じてやっていく中で探してゆくものなのだと思います。

僕は以前、スポーツ競技空手で、ある国のナショナルチームの監督をやったことがありますが、ある国際大会での審判会議で、形競技の採点基準について「空手はスポーツです」「フィジカル面だけを見てくれ」と。僕個人

鉄騎初段

松濤館流の基本にして奥義形『鉄騎初段』に含まれる猿臂（肘打）の動作。肘を腰と連動させ、体幹と一体化することで構造的にも強固になり、全身の重さが一つになって強大な威力となる。両肩付近を通る二本の軸の意識が無駄な体回転を無くし（①）、打つ際に胸部付近の中丹田が収縮し、内部で爆発する感覚がさらなる速さと力を生む（②）。また、この身体操作はそのまま組手における突き技に応用可能であり、威力と射程距離の双方を大きく向上させる。

1

2

セイサン

ボクシングのクラシックスタイルにも似た『セイサン』の諸手構え（109頁トビラ写真参照）から、左拳を腰に引き①、まっすぐに突き出す②。沖縄拳法空手の突きは初動を消すために「手から動き、その後に体を入れる」のが原則。前手は突き手以外の部分が動かないようにするブレーキの役割があり、この稽古によって、まずは「手のみを動かす」身体操作を習得する。

1

2

としては、こういった空手の捉え方に対して「えっ？」っていうのはありますが、これも競技として、求められた進化なのであれば、それに応じて教えるしかない。

ただそれとは別に、僕は人に見せるものでも派手なものでもなく、どうやったら本来の技の効果が一番出せるのか？　形の中にある呼吸法や身体の使い方や急所の位置、当て方等、そこに空手が競技化される過程で忘れられたものがたくさんあるんじゃないかと探求しているんです。

山城 美智 Yamashiro Yoshitomo

宮里寛より「手」を継承した父・山城辰夫に、幼少の頃から指導を受ける。沖縄全島から集まった各流派、沖縄拳法の選手が参加して行われた「全沖縄防具付組手空手道選手権大会」にて、1992年 第三回、1993年 第四回大会で優勝。第一回大会準優勝(優勝は実兄)。1990年「第一回 世界のウチナーンチュ大会 空手道・古武道世界交流祭」に演武参加。琉球大学にて「沖縄拳法古武道部」を設立。初代部長となる。父、山城辰夫の師匠である宮里寛先生より、沖縄拳法の指導を受け沖縄古来の「手」を継承する。現在、沖縄・関東・関西・アメリカ・カナダ・オーストラリア等で稽古会・講習会などを主催。沖縄拳法の普及・継承を目的として活動している。

空手の源流、中国武術に見る徹底した実戦への志向性

――中国武術には、空手が競技化する中で置き忘れていった、本当の実戦の技術がまだ残されているのですか?

宮平 中国武術も戦後、そして文化大革命以降に、本当の命のやり取りを目的とした古伝の武術は排斥されていきました。しかし、私の師である温敬銘老師が、戦前の実戦的な武術を継承された方だったんです。私が中国の武漢にいた頃は日本でいえば昭和二十年代後半から三十年代半ばくらいの雰囲気で、喧嘩というものはありとあらゆる場所にありました。それも素手ではなく、当たり前のように何らかの凶器が出てくる。

僕の友人で中国のアマレスチャンピオンがいるんですが、彼が喧嘩でタックルを使うことは絶対にありませんでした。組みつけば、刃物で刺されてしまうのがわかっていたからです。

また、とある暗器(隠し武器)の名手と交流させて頂いた際、「徒手格闘のイロハを知っている暗器の使い手と戦ったら、何十年拳法を修行していようが、一瞬で殺されてしまうよ」と言われたことがあります。それで〝やられる側〟には回りたくないので、そういった暗器の技も研究するようになりました。ですから、私は打撃にしても最小限の動きで打ったら必ず効く急所を狙います。まぁ、時代錯誤と言えば確かにそうかもしれませんが(笑)。

現代空手の最前線で活きる古の空手の智慧と術理

——古伝の術理は現代の組手競技においてどのように活きてくるのですか？

宮平 保　Miyahira Tamotsu

1964年沖縄生まれ。10歳より沖縄伝統空手を学ぶ。20歳で中国湖北省・武漢体育学院に5年間武術留学し、温敬銘教授、劉玉華教授より実技と理論の指導を受け、外国人としては初となる中国の体育学院武術専攻（在籍は研究生部）を卒業した公認指導者となる。また第11回アジアオリンピック科学大会に日本代表の一人として出席し、論文《中国武術和日本武道的淵源》を発表。帰国後、空手の本場・沖縄の地を中心に中国武術を指導。空手関係者、県内外、海外の武道、格闘技関係者（居合、フルコンタクトカラテ etc.）との交流も多い。代表作として、DVD『究める! これが武術だ（全二巻）』（BABジャパン）がある。

中　私の指導する道場では、全体的に試合志向の人は少ないですが、弟子の中にはスポーツ競技空手の形の世界チャンピオンもいます。形から得たエッセンスを競技にどう巧く活用するか。でも、それ自体は特別なことではないんです。

武道をやっていると競技は兼ねられるんです。しかし、競技だけやっていては武道は兼ねられない。宮平先生のような実戦の技も身につきません。武術本来の護身的な所から色々研究されて、体育的側面、スポーツ的側面、格闘技的側面、また健康法、日本の精神文化として等、様々な側面が開発、普及されて来ました。それを全て網羅しているのが武道だと思います。だからこそ世界中で受け入れられて、山城先生がおっしゃるように色々な空手が出てくる。これも空手の特徴であり、可能性の証だと思っています。

——山城先生はＷＫＦのトップ選手たちにも指導されていますが、古流空手の智慧で、才能に劣る選手でも高いレベルに導くことが可能なのですか？

山城　はい、確信があります。動きっていうのはルールに準ずるんです。このルールでこの動きをすれば勝つというのを研究して、もしスピードが必要なら、昔の空手

頂心肘

劇画『拳児』でも有名な八極拳の代名詞とも言える技法。相手の突きを腕の外側で受け流しつつ、中心に向かって鋭く踏み込み（①）、身体の重心を落下させることで発生する力（沈墜勁）を用いて、脇下へ肘を突き刺す（②）。防御に用いた腕で、そのまま間髪入れずに攻撃に転じている点に注目。肘は一般の空手やムエタイのように振り当てるのではなく、肘先から一気に体当たりするように打ち込む。まともに入れば胸骨や肋骨が陥没骨折するほどの威力を発揮する。

それぞれのジャンルで武術界の最前線を駆け巡る三師範の豪華スリーショット。

でスピードを求めるにはどうしたのか？　蹴りを見えないように出すためにはどうしたのか？　もともと僕たちが持っている知識を当てはめるだけで、ほぼ強くなるんですね。

その競技をやったことがなくても人の体の作りとその反射を知っていれば原理が分かるんですよ。中国武術も危険な技で構成されているだけで、おそらくその原理は近いところが沢山あると思うんです。人に勝つっていうのは共通してます。戦って勝つ、効かせる。

「よく研究して、よく試せ」というのが僕らの先生の指導でした。その試せっていうのが今の時代の選手たちにとっては試合という形になる。その時に効果があればその技術を取り入れますよね？　だから、僕は確実に効果のある技術を教えて、それでついてきてもらうということをやっています。

菊野選手のように直接打撃する格闘技なら一撃で倒せる技術を教えて、そのための身体の使い方を積み重ねさせる。伝統派空手だったら、いかにスピードが速いか、一瞬で間を詰められるか、打ち合いの時にいかに相手の攻撃を捌くか、相手を崩すか、下がったときに相手に来られたときに、いかに見えないように蹴りで対応するか。

それは闘いそのものだと僕は思うんです。でも、現代では闘いそのものにルールがあるので、そこに対処するだけですね。

古流の技が現代の試合で通じるというと、何か不思議な技が通じているかのように見えると思うんです。でも実際は、競技の中で求められる強さを発揮するための身体操作を教えてるんですね。その身体の使い方を仕込んで戦ってもらってるだけです。競技であるからにはルールを理解しなければ勝てるはずがない。だから、僕らはルールを研究した上で勝つための技術を創ってるんです。

空手と中国武術が切磋琢磨し、さらなる高みを目指せるように

——宮平先生は沖縄空手界の重鎮である上原恒《こう》先生と長年交流し、古伝の剛柔流を蘇らせましたね（本書第3章参照）。

宮平　私の道場には、上原先生が色々な空手流派から有望な若手を引っ張ってきてくれます。特に松林流三代目の長嶺文士郎君には、祖父であり流祖でもある将真先生を超えるような空手を創ってほしいと応援しています。

山城先生の空手は既に沖縄という枠を飛び越え、独自の方向性を確立して目覚ましい発展を遂げています。私は上原先生の後継者である宮里信光君も含め、空手の発展のために中国武術の技の中から参考になるものがあれば、流派を問わず、どんどん活かしていってほしいと思っています。中国武術と空手のこれからを担う若手同士が、互いに手を交えて切磋琢磨していけるようになるのが理想ですね。

それともし機会があれば、首里手の流れを汲む中先生の松濤館流と、それに近いルーツを持つとされる中国福建省の南派太祖拳・五祖拳が、現地で交流をする橋渡しをしたいと思っています。本場の中国武術家の目から見ても、中先生の空手はおそらく、かなり強い刺激になるでしょうから。■

【日本空手協会】 http://www.jka.or.jp 【大志塾】 http://www.jka-taishi.com
【沖縄拳法空手道連盟 沖拳会】http://okinawa-kenpo.com 【天行健中国武術館】098-873-1151 http://www.tengyouken.com

第3章

沖縄空手×中国武術

Okinawa

China

歴史的再会が導く〝原点回帰〟

海南神技是空拳——「空手はまさに南海の神技である」
松濤館流空手開祖にして本土における空手の普及に
比類なき功績を残した〝近代空手の父〟
船越義珍は、空手を神技と称し、さらに次の言葉を続けた。
可恨衰微絶正伝——「その正しい伝承が衰退し、
ついには途絶えてしまった事実を恨む」と。
中国より琉球王国に伝来した「唐手」が時代の流れと共に
「空手」となった時、すでにかつて義珍が神技と呼んだ武術は失われ、
今はもう何処にも残されてはいないのかもしれない。
しかし、稀代の実戦中国武術家・宮平保師範と
〝喧嘩名人〟上原恒《こう》師範の二人による
沖縄空手と中国武術の歴史的〝再会〟が果たされた時、
神技への扉は再び開かれた。

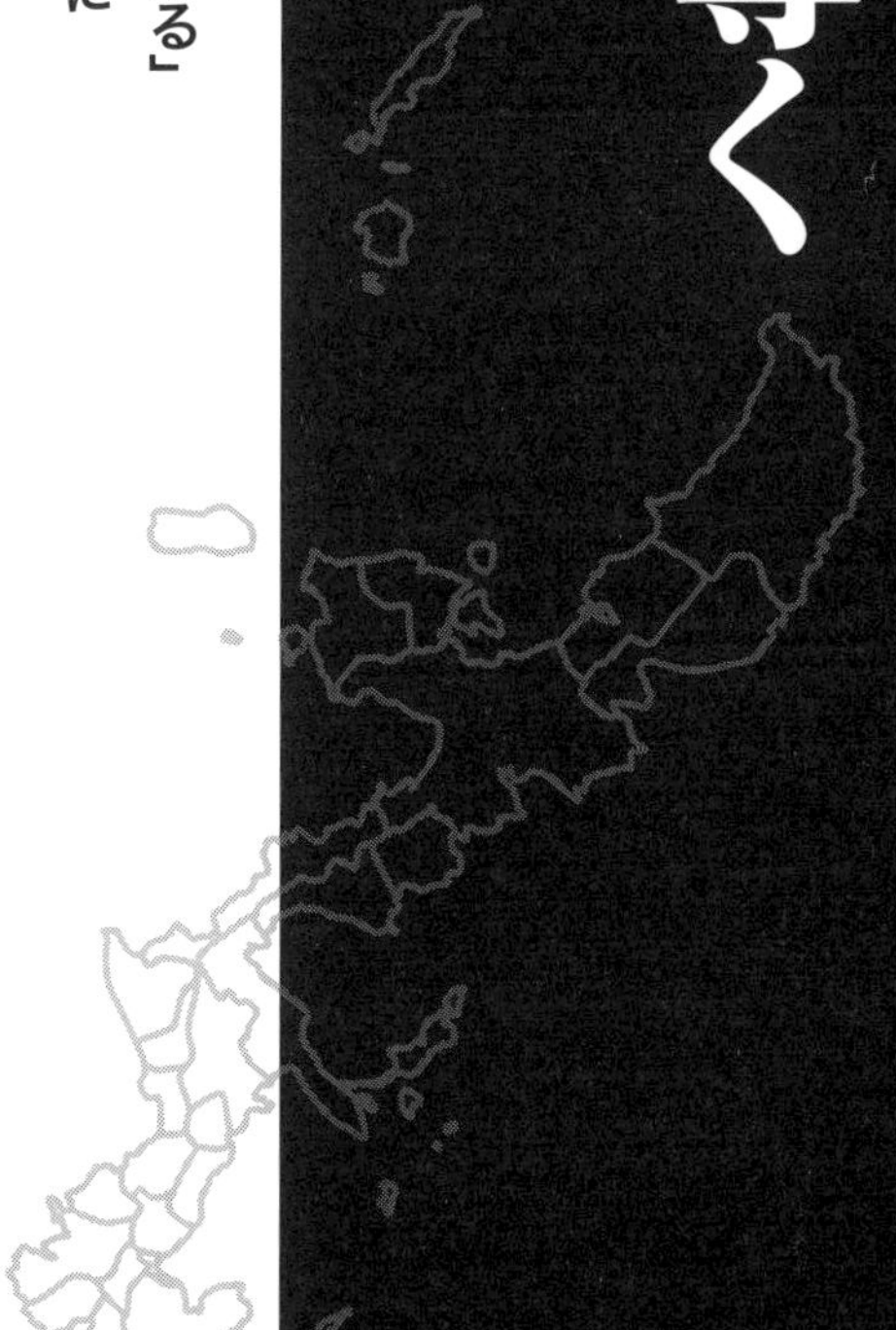

『月刊秘伝』2015年12月号より

Part 1

沖縄空手と中国武術が紡いだ「武の系譜」

今こそ始動する
“空”手から“唐”手への原点回帰

首里城公園：正殿前

鈀手翻子拳「攔門勢」。沖縄空手と中国武術の輪を繋いだ宮平師は、まさに本稿におけるコーディネーターというべき存在である。

文◎宮平保　構成◎『月刊秘伝』編集部

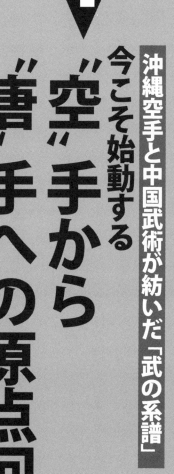

世界に普及した空手と中国武術の歴史的関連性

　今や世界中にKARATEとして広く普及している日本空手道。一口に空手といってもその内容は極めて多岐にわたり、演武の美しさによって競われる型競技の他、格闘競技としては伝統派（ノンコンタクト）・直接打撃制（フルコンタクト）・防具着用、さらに派生したルールと各流会派で独自のスタイルを持つ。特に全日本空手道連盟（全空連）を中心とする伝統派は現在、約六千万人もの競技人口を有し、来たる2020年開催の東京オリンピックにおける追加種目に選ばれるほどの隆盛を誇っている。

　古伝空手を標榜する一部の中には、これら競技空手を〝スポーツ〟の一言で軽んじる声もあると聞くが、厳格なルールが存在するとはいえ、実際の競い合いの中で磨き上げられてきた技術は、対人格闘という面においては古流を凌ぐ部分もあり、日本本土において空手がまた独自の発展を遂げた一つの進化形といえるだろう。

　こういったそれぞれ独自のスタイルや観点を持つ空手道も、源流を辿れば発祥の地である琉球王国に行き着く。

現在の沖縄、かつての琉球は14世紀後半頃より中国（当時は明代）と交易を始め、明治初期に至る500年近くにわたって学術、祭事及び生活様式など色々な文化・風習について中国から影響を受け続けてきた。後に唐手《トゥディー》と称される武術も、その中の一つである。

　空手の起源については現在、大まかに言えば、中国より伝わってきた武術であるという説と、琉球には古来より固有の武術〝手《ティ》〟が存在し、後に中国武術が加わることによって空手となったという二つの説が存在する。

　〝手《ティ》〟の存在、もしくはその概念に関しては沖縄でも意見が分かれるところであるが、中国伝来の武術による琉球唐手の成立については資料も多く、これまでも日本本土及び沖縄の空手関係者が何度も中国、特に現在の沖縄と姉妹都市であり、歴史的な関係も深い福建省に足を運び、調査・研究が行われた。しかし、琉球唐手の始祖的な存在とされる佐久川寛賀・松村宗棍・東恩納寛量《ひがおんなかんりょう》・上地完文などが学んだ武術門派や師事したとされる師匠の存在が、中国に現存する資料からも完全に〝証明〟されたと断言するには、現時点では厳しいと言わざるをえない。

　とはいえ、琉球唐手と少なくとも関わりがあったとさ

首里城公園：守礼門

れる中国南派武術の白鶴拳・五祖拳・達尊拳・南派太祖拳・南派羅漢拳等とは型の名称、動作の類似が認められるなど、中国本土での調査は一応の成果を上げており、今後の研究が期待されるところである。

福建省南派武術と沖縄空手の最新調査報告

今年の4月24日、中国福建省より福建集美体育学院教授の鄭《てい》旭旭《きょくきょく》氏が沖縄空手と福建省南派武術の歴史及び技術的関連性の調査を目的の一つとして来日し、沖縄空手理論の専門家である嘉手苅《かでかる》徹先生とも対談を行った。

鄭氏は私の中国修行時代、ともに温敬銘老師より学んだ師兄弟であり、現在は中国における日本武道研究の第一人者として、武術界の中枢で活躍している。そしてこれまでの調査研究から「琉球唐手の三大系統とされる首里手・那覇手・泊手《とまりて》のうち、那覇手と首里手の二つは同源ではないか?」という説を打ち出しており、その理由を「唐手の祖と目される福建省の白鶴拳では、全身をブルッと震わせるようにして威力を出す発勁法〝弾抖勁《だんとうけい》〟を重んじているが、外見的に白鶴拳に近い那覇手にはこれがほぼ見受けられない一方で、外見的には遠い首里手の古伝には同種の身体操作が残されているから」とし、同じ源流から分かれた一方は形のみが、もう一方には発勁法のみが残ったのではないかと述べている。

私個人としては鄭氏の新説に全面的な同意はできかねるが、中国古伝南派武術の〝弾抖勁〟と沖縄古伝空手の〝ムチミ〟〝チンクチ〟〝ガマク〟と表される身体技法の共通性は、今後の重要な研究課題に成り得ると思っている。

唐手から空手へ史上初の流派名「剛柔流」

那覇手の大家、東恩納寛量を師とする宮城長順により確立されたのが剛柔流である。中国明代の兵書『武備志』の一句「法呑吐剛柔」から二文字を取って命名された剛柔流は、史上初となる流派名を名乗った空手であり、宮城長順は東恩納寛量の伝統的な唐手の練習法を現代的に体系化し、さらに警察や沖縄及び本土の高校や大学などの教育機関で多くの人々に指導した。これによって剛柔流は広く大衆に普及、〝唐〟手から〝空〟手への変遷を促すと共に、今日の近代空手発展に繋がる重要な礎を築い

宮平保氏（写真右）の天行健中国武術館にて、嘉手苅徹先生（写真中央）と対談する鄭旭旭氏（写真左）。

た。そして剛柔流は現在、松濤館流・糸東流・和道流と並び、全空連の中枢を成す四大流派の一柱として全世界に数多の門人を有している。

原点回帰する沖縄空手とそれを今に伝える者達

空手が武道スポーツとして世界的な発展を遂げる一方で、発祥の地である沖縄では真の実戦性を求め、中国武術との技術交流を以て〝唐手〟への原点回帰を求める者達も存在する。

次項にて登場する上原恒《こう》先生は、沖縄空手界の重鎮にして知る人ぞ知る〝喧嘩名人〟であり、私との交流も25年にわたる。前述した剛柔流の流れを汲むものの、その妥協なき実戦の術技は武道スポーツとして定着している他の多くの剛柔流とは大きく一線を画す。それは沖縄空手の身体操作〝ムチミ〟〝チンクチ〟〝ガマク〟を中国武術の極意身法〝(弾)抖勁〟で解き明かした、最先端の古流沖縄空手と言える。

そして、上原先生より絶大の信頼を受け、その技の研究と継承を託されている宮里信光師範と、泊手の流れを

地元新聞社の取材の折、上原恒先生（写真右）の道場にて、
鄭氏が剛柔流空手の源流である白鶴拳の型「三戦《サンチン》」を演武した。

汲む松林流創始者 長嶺将真《ながみねしょうしん》の孫であり、松林流空手の三代目を継ぐ長嶺文士郎師範。この沖縄空手の明日を担う若き空手家二人は、空手と並行して私が主宰する天行健中国武術館にて中国武術の修行も長年重ねている。

沖縄空手出身であると同時に中国で武術を学んだ者として、私は今後も上原先生や宮里・長嶺両師範、鄭氏達と共に沖縄空手と中国武術の歴史・技術の比較研究に、微力ながら出来る限りの協力をしていきたいと切に願う。■

Part 2

中国武術の理合が解き明かした沖縄空手の極意身法

宮平保×上原恒

抖《とう》勁で繙《ひもと》く〝チンクチ〟〝ムチミ〟〝ガマク〟の身体術理

天行健中国武術館
宮平保

剛柔流空手直心館
上原恒

取材・文◎『月刊秘伝』編集部

沖縄空手と中国武術が〝再会〟した日

――宮平保先生と上原先生の手によって原点回帰した沖縄空手、その武術的原理を中心にお話を頂きたいと思います。まずは、お二人の出会った経緯からお願いします。

上原　25年ほど前、沖縄で中国福建省と沖縄空手の親善武術交流会がありまして、その時に私が空手側の理事長として司会やプログラムの作成をやっとったわけです。

そこに市長の使いが来て、「市長が中国武術をやっている自分の甥に、是非ここで一緒に演武させてやってほしいと言っている」と。市長の頼みじゃ断れませんので演武してもらう事になったんですが、その甥というのが宮平先生だったんです。

以前、私は剛柔流の幹部の連中を引率して、台湾に親善武術交流で行ったり、香港の葉雨亭先生のところで功力拳なんかを習ったこともあるから、ある程度は中国拳法がどんなものか知ってたんですよ。だから、その親善交流会で福建から来た人達の技を見ても「台湾や香港と似たようなもんだな」という感じだったんです。

ところが、宮平先生の演武を見て、びっくりしたんですね。これはもう全然違うと。これが本当の中国拳法だと。私、交流会が終わって家に帰ったらすぐ宮平先生に電話しましたよ。「入門お願いします」ってね。それからずっとうちの道場に指導に来てもらって、今日まで25年間、交流させて頂いとるわけです。

宮平　私は沖縄空手を10年くらいやってから中国へ渡り、そこで習った武術をお土産として、以前所属していた空手道場に持って行ったのですが、なんて言うか、受け入れてもらえなかったんですね。その後も、空手を修行しているという方が30名くらい訪ねて来られましたが、まず基本の段階で話が合わない。それこそ、腕の上げ方一つから。

時には立ち会いのような形で実力を示さなければならない事もありましたが、やはり空手発祥の地としての矜持がありますから、単純に技が効く効かない、強い弱いだけでは受け入れられない。だから、私の武術は沖縄では根付かないのかなと思っていた時に出会ったのが、上原先生なんです。

上原先生は沖縄空手界の重鎮でありながら、組織だの連盟だのといった話は一切せず、技術の話のみを直球でなさる。自らの豊富な実戦体験を背景に、その技は本当に実戦で使えるのか、使えないのか、それだけを武術の

宮平 保　Miyahira Tamotsu

1964 年沖縄生まれ。10 歳より沖縄伝統空手を学ぶ。20 歳で中国湖北省・武漢体育学院に 5 年間武術留学し、温敬銘教授、劉玉華教授より実技と理論の指導を受け、外国人としては初となる中国の体育学院武術専攻（在籍は研究生部）を卒業した公認指導者となる。帰国後、空手の本場・沖縄の地を中心に中国武術を指導。空手関係者、県内外、海外の武道、格闘技関係者（居合、フルコンタクトカラテ etc.）との交流も多い。また第 11 回アジアオリンピック科学大会に日本代表の一人として出席し、論文《中国武術和日本武道的淵源》を発表。代表作として、DVD『究める!これが武術だ』（BAB ジャパン）がある。

上原 恒　Uehara Kou

1929 年沖縄生まれ。戦時中は疎開先の宮崎の軍需工場で、戦後は沖縄の米軍基地に作業員として動員され、現地の工員・ならず者・米兵を相手に喧嘩三昧の日々を送るが、刑務所行き寸前となった事を切っ掛けに、精神修養のため空手の道に入る。小林流開祖 知花朝信を経て剛柔流 宮里栄一師範に師事し、"稽古の鬼"と畏れられるほどの修練を積む。1974 年に剛柔流空手直心館を設立し、その 5 年後には全沖縄空手道連盟の理事に就任。しかし、宮平保師範との出会いから、中国武術との技術交流による沖縄空手の真の復興を志し、沖縄空手界の重鎮としての地位に背を向け、孤高の道を行く。（編集部追記：2018 年 9 月 26 日に逝去されました。）

2006年の沖縄空手と中国武術の交流会。写真前列向かって左から３人目が宮平師。その右に兄弟子の鄭旭旭老師、沖縄空手道連盟会長 比知屋義夫師範、沖縄剛柔流空手直心館館長 上原恒師範。

価値基準にしている。「今の時代の沖縄空手に、こういう武術観を持っている方がまだいらっしゃられるのだな」というのが第一印象として強く残っています。

上原　やはり空手というものは本来武術なんですよ。だから、それが実戦に使えないものだったら意味がないんです。私が思うに、今の沖縄空手は30年40年やっても、型が上手になってるのであって、実戦で強くなってるとは言い難い。武術としての骨組みはあっても、肉付けがされとらんのです。だから、私は沖縄空手の型、その中身の部分を宮平先生の中国武術から掴もうと考えたわけです。

あくまでも実戦に即した技術を突き詰めるのなら、空手だの中国武術だのといった流儀の垣根は不要です。たとえここが空手の本場といわれる沖縄であろうとも、小さな面子や組織の利益に拘って、真に価値あるものから目を背けるのは、武術家としての本筋を違えているんじゃないでしょうかね。

沖縄空手×中国武術 交流研究の軌跡

2003年頃の上原師の道場で行われた交流研究会の様子。①は宮平師による中国武術の擒拿（関節技）、右から二人目は上原師。②は足を刈り倒す摔法（投技）。また、③のように空手の型を中国武術的発想で解明するなど、技術的な部分にまで深く踏み込んだ中身の濃い交流が重ねられた。

研究会には多くの空手の強豪選手達も参加し、彼らを心の底から納得させるためには、時には荒っぽいやりとりも必要だったという。④で倒れているのは某流派の指導員（当時）であり、彼は後に宮平師（写真前）の天行健中国武術館に入門し、指導員となった。⑤⑥は上原師に中国武術の寸勁を示す宮平師。

チンクチ・ムチミ・ガマクを抖勁の術理で解き明かす

——お二人の技術交流は実際には、どのような形で行われたのですか？

宮平　基本的に私が上原先生の道場でウチの指導員を相手に技をお見せして、そこで上原先生が感じた質問や疑問に応えながら、さらに技術の深い部分に踏み込んで行くといった感じですね。

上原　私は宮平先生が門下生に技を掛けるのを見て、いわば盗むような形で真似るわけですよ。宮平先生と出会った時、私はもう身体が空手の筋肉の造りになってしまってましたから、いわゆる套路（型）じゃなくって、動きの原理そのものだけを学んだのです。

宮平　その原理が〝抖勁《とう》〟です。樹木が大地に根を下ろして、幹を揺《ゆ》すって枝葉が動くような身体の遣い方。陳式太極拳の極意であり、上原先生が流れを汲む剛柔流空手の源流とされる白鶴拳においても、〝弾抖勁《だんとう》〟の名で最も重視されている発勁法です。

上原　例えるなら、でんでん太鼓の身法ですね。太鼓が胴体で紐が腕、玉は拳。それもただ回すんじゃなくって、波みたいなうねりがないと駄目。抖勁を意識して型をやるようになってから、私の剛柔流はそれまでとは全然違ったものになりました。剛柔流に限らず、沖縄空手の奥義といわれている〝チンクチ〟〝ムチミ〟〝ガマク〟ですが、これも全部、抖勁で繙《ひもと》くことが出来るんです。というより、抖勁に繋がらなかったら意味がないんですよ。

源泉となる股関節〝ガマク〟

上原　まず〝ガマク〟。腰のあたりを指して、それをガマクと呼ぶ人もいるようですが、いわゆる腰（ウェスト）とガマクは全然違います。

宮平　中国武術で言うところの「胯《クワ》」に近いですね。腰ではなく股関節。

上原　さっき例に出したでんでん太鼓の根本の持ち手部分に相当する場所ですね。全ての動きの起点であり抖勁の源泉。手足の動作も全部、ここと繋がった感覚でやらなければいかんわけです。

宮平　そもそもガマクが使えてなければムチミも出来ませんからね。沖縄の伝統的な琉球舞踊なども、まさにガマクを使った動きだと思います。

餅のごとき身遣い "ムチミ"

上原　沖縄では方言で餅《もち》をムチと言うんです。餅の味と書いて"ムチミ"。

宮平　餅だから粘りますよね。この粘りの動きがムチミ。中国武術で言うところの「粘勁」です。相手との接触点からくっついて離れない。

上原　それはみんなガマクでやっているわけです。相手に触れている手に力が入って固くなってたら、相手はそ

ガマクとは股関節を指し、全ての動作の起点にして力の源泉となる。突きでも掴みでも掛けでも、ガマクとの繋がりを持って行う事が肝要であり、ムチミもガマクの意識がなければ使うことはできない。

れを察知して反発する。しかし触れている手はそのままに、ガマクから発した抖勁を使えばコントロールできるんです。だから、ムチミは身体全体の中軸から来る動きでないといかんのですよ。

宮平　接触点から筋反射を起こさせずに相手の身体をコントロールするというのは、ある意味、合気と似ているかもしれませんね。

インナーマッスル〝チンクチ〟

上原　〝チンクチ〟というのは「筋骨」のことです。しかし、ここで言う筋骨はスポーツ的な筋骨じゃなくて、三戦《サンチン》なんかをやる時に、中の筋肉を意識してやっているのをチンクチと。筋《チン》というのは身体の奥にあるインナーマッスルだと、私は見とるわけです。

宮平　よく三戦の型をやってる時に打ったり蹴ったりするのがありますが、上原先生のお考えとしては、あれはあまり意味がないと。

上原　宮平先生と出会う前の私は、三戦を〝締める〟時、相手の肩とかをバチッと叩いて、そこに手の跡が真っ黒く残るのを期待していたわけですよ。しかし、本当に三戦を〝締める〟のなら、インナーマッスルがしっかり入って、関節もきれいに収まっているのかどうか、それをチェックしなければいかんのです。そのためには強く引っ叩くんじゃなく、ゆっくり柔らかく触れて、筋肉の状態を丁寧に把握しながら、積み上げてゆくんです。そうやって出来た身体でバッと突くと重いんです。身体が繋がっとるから。チンクチが入ってない身体で打っても、部分的な筋肉だけだから軽いわけですよ。

宮平　〝ガマク〟を起点に、餅のように粘りのある柔らかい動き〝ムチミ〟で勁を導いて、繊細かつ強靭に鍛えられたインナーマッスル〝チンクチ〟がその威力を倍増させる。これはまさに中国武術の抖勁の身体遣いです。

上原　〝チンクチ〟〝ムチミ〟〝ガマク〟は最終的に全部、抖勁で一つになる。私は宮平先生から抖勁の原理を学んで初めて、自分が今まで何十年もやってきた剛柔流の本質が理解出来たんです。

ムチミ

上原師によれば、ムチミは「餅味《ムチミ》」と書き、その名の通り餅のようにしなやかで柔らかな、途切れることのない動きを指し、同時に餅だからこそ粘り着いてくっつくという性質も持っており、中国武術の粘勁に相当するという。これはガマクを起点とした身体操作を基盤とし、全身を撓らせる素早い打撃や、合気のように接触面から相手をコントロールする技法へと展開する。

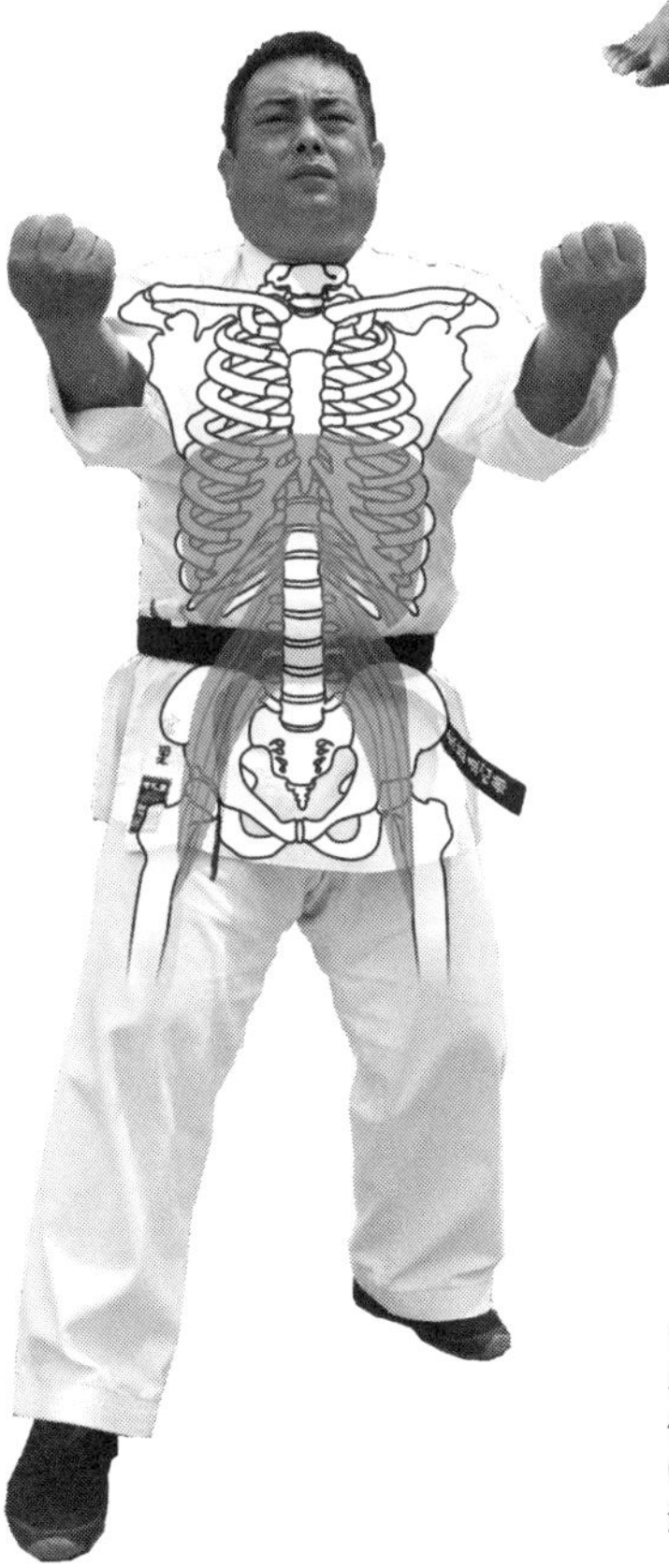

チンクチ

チンクチは筋骨の事であり、「筋《チン》」はインナーマッスルを指し、外形に現れる筋肉ではない。三戦などでチンクチを"締める"ためには繊細な身体感覚が必要となる。かつて上原師（写真下右側）は、手の跡が真っ黒い痣になるほど強く叩いて三戦の"締め"を行っていたが、宮平師と交流を経た現在では、「あれは意味のないことだった」と述べている。

沖縄剛柔流　古伝鍛錬法

剛柔流に伝わる古伝鍛錬法は、抖勁の身体遣いを意識して行う事で初めて、単なる筋トレではない〝チンクチ〟〝ムチミ〟〝ガマク〟を強化する武術的練功法となる。

槌石《チーシー》

先端に円形の平たい重りをつけた太い棒を円を描くように振る（①②）。下から振り上げ、両手で柄を絞り込むように行う方法もある（③④）。直心館の槌石は連結部がバネになっており、より鍛錬性が高められている。

握甕《カーミ》

中に砂や石を詰めた重い甕の口を指先で掴みながら、内側から半円を描く三戦の歩法で前進し（①②）、甕を大きく回す（③④）。甕口は単純な握力で握るのではなく、体幹部からの力を指先まで連結させる意識で掴む。

錠石《サーシー》

現代で言うところのケトルベルに近い性質を持った鍛錬具。素材は石や鉄などで、両手につけて型を行ったり（①）、足につけて蹴りの練習を行うなど（②）、非常に応用範囲が広い。

金剛圏

かなりの重量を持つ鉄の輪。両手で持って捻りながら前方に突き出す（①）。もしくは頭上に掲げて上下させる（②）。上原師は金剛圏を通常よりも小型化し、取り回しの良さを向上させた。

車輪回し

上原師オリジナルの鍛錬具。取っ手を掴んで重い車輪をガマクからの力で回転させる（①②・③は拡大図）。また、吊り下げたパンチングボールで目突きを練習する（④⑤）。

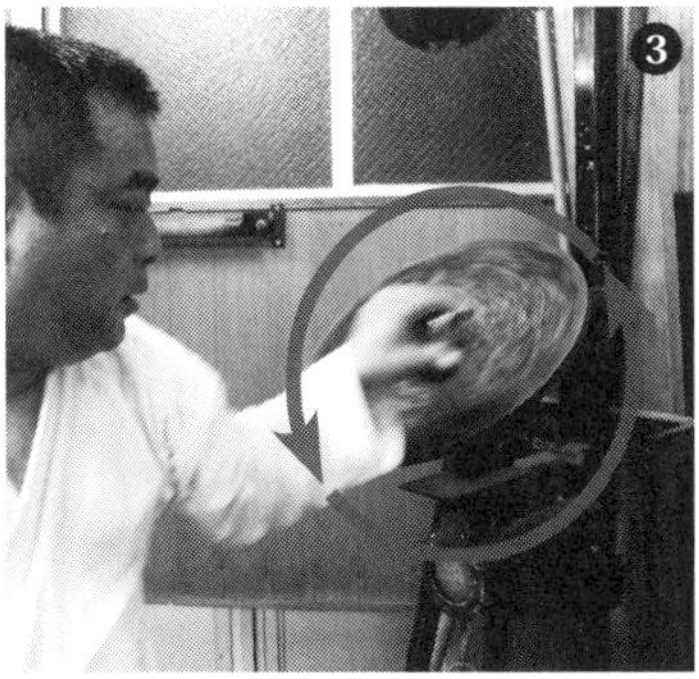

抖勁（中国武術）

宮平師の門下生である砂川氏による抖勁（①〜④）。砂川氏は以前、本土で陳式太極拳を学んでいたが、宮平師に師事して初めて、抖勁の原理を理解できたという。

抖勁の身法＝でんでん太鼓

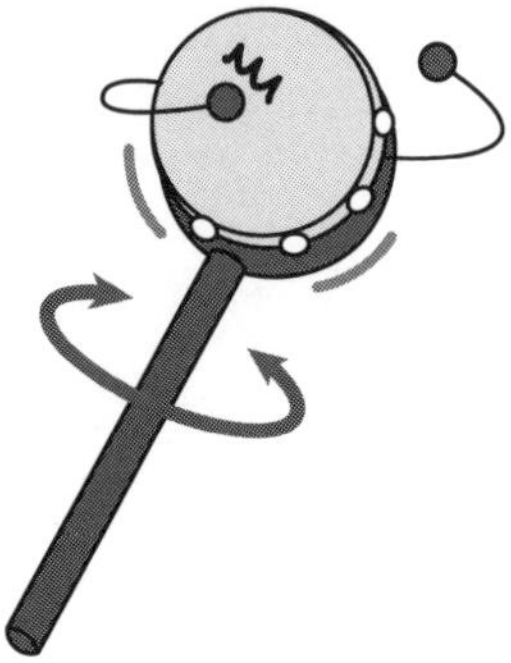

抖勁の身体の遣い方はでんでん太鼓に例えられる。持ち手（ガマク）から生まれた力が太鼓（体幹）を回転させ、紐（腕）を柔らかく撓らせながら玉（拳）まで伝達する。

抖勁（剛柔流空手）

剛柔流における最高峰の型「転掌」の構え（①）から、抖勁を用いて身体中心から瞬時に震わせるように力を発する（②〜④）。〝剛〟ばかりではない、剛柔流本来の〝柔〟が全身を撓らせ、両指の先端にまでその威力を届かせているのが見て取れる。

抖勁を用いた正拳突き

三戦の構え（①）から放たれる、重くしなやかな正拳突き（②～④）。抖勁が込められた突きは、まるで濡れタオルを放るが如く繰り出され、その拳の握りも中国武術の内家拳のように柔らかなものとなる。

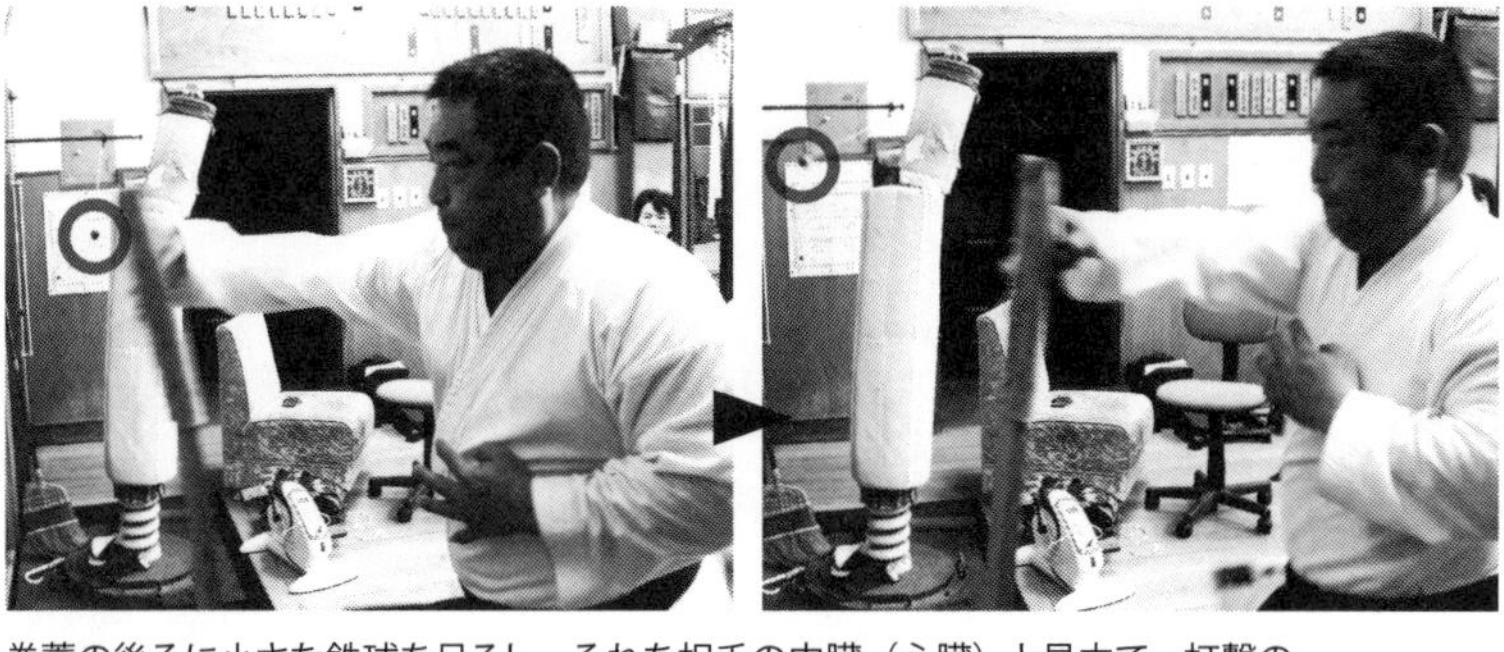

巻藁の後ろに小さな鉄球を吊るし、それを相手の内臓（心臓）と見立て、打撃の浸透力を養う稽古。沖縄特有の木材で作られた巻藁は非常に高い弾力性を持つが、抖勁を用いた突きは振動ドリルの如くそれを貫き、背後の鉄球を大きく揺らせる。

組技に対する抖勁応用

抖勁は打撃のみならず、対組技にも用いられる。右腕を深く抱え込まれた状態でも、身体中心から抖勁を発すれば相手を体ごと振り回して投げ捨てる事も可能となる。また、同時に"ムチミ"も効いているため、相手はこちらに接触した両手を離すことができなくなっている。

独自の鍛錬器具による打ち込み稽古

空手の武器術は全て、素手と同じく抖勁を以て操る。上原師は武器術においても打ち込みが出来るよう、独自の鍛錬器具を製作している。中に強力なバネを仕込んだ鉄製の的の中段及び下段へ、棒を全力で突き込む（①〜⑤）。

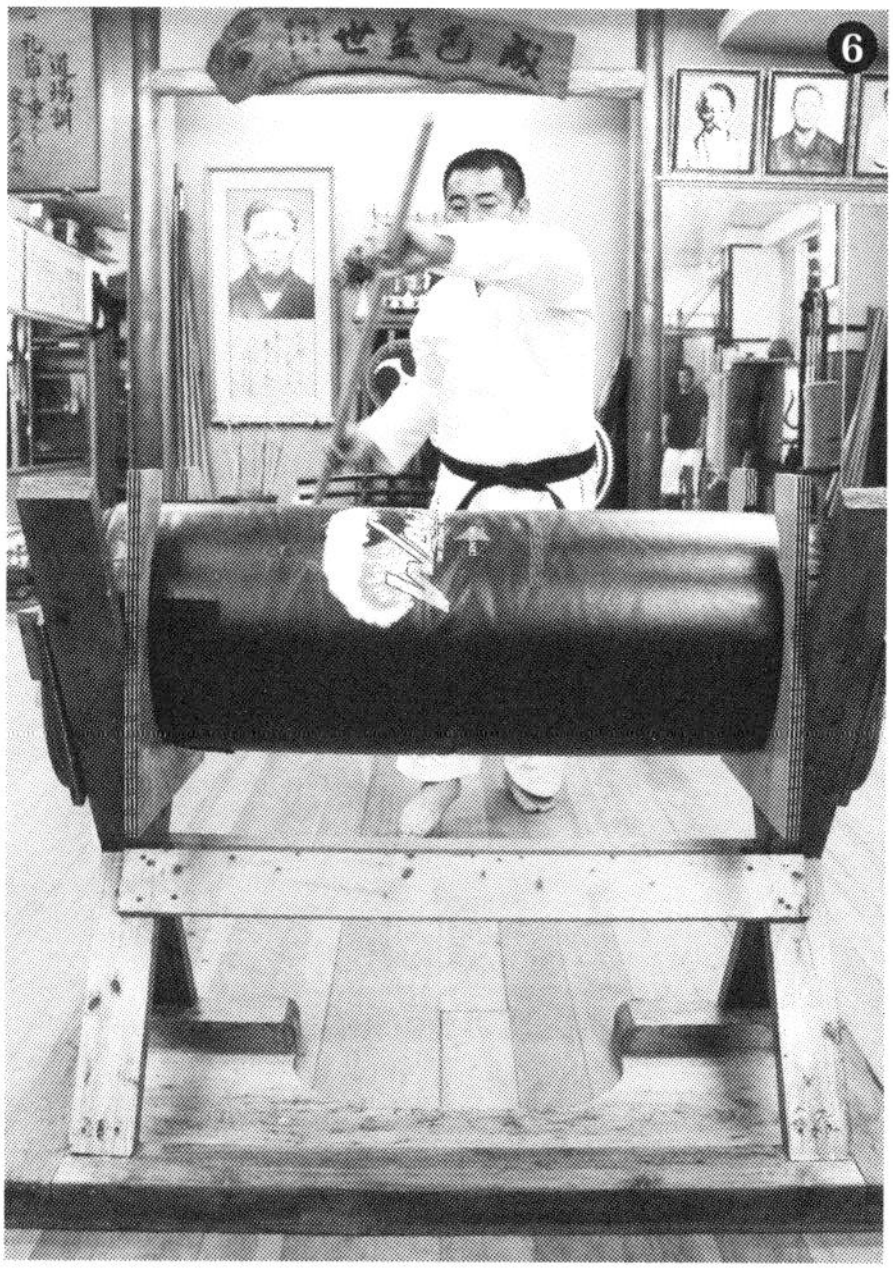

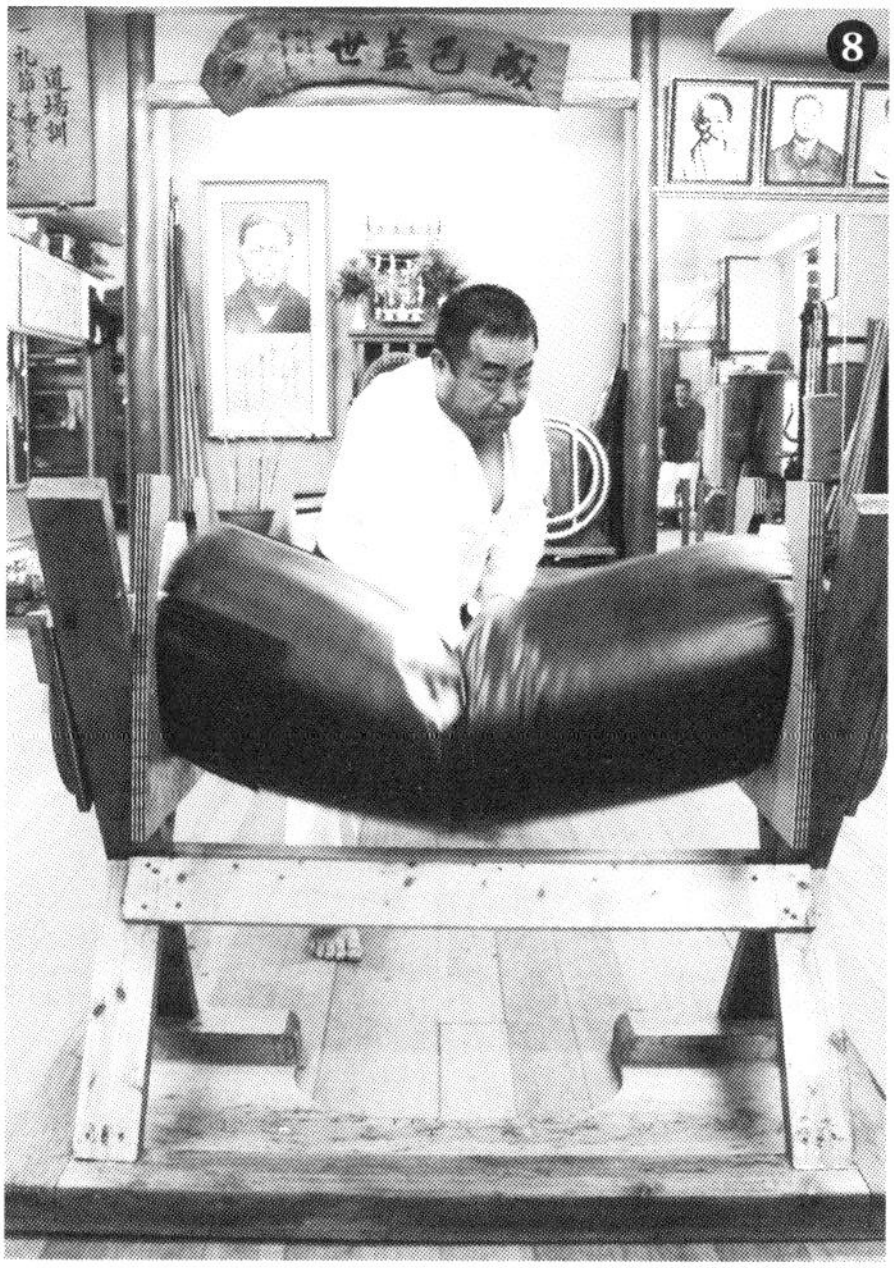

薬丸自顕流の「横木打ち」を参考にしたというサンドバックの打ち込み台へ、抖勁を込めた棒の一撃が叩き込まれる（⑥〜⑧）。

開祖以前にまで遡り、〝原点回帰〟した剛柔流

――上原先生の空手は一般的な剛柔流のイメージとはかなり違いますね。「中国武術の真髄を掴んだ空手は、ここまで柔らかくなるのか」と驚きました。

上原　剛柔流は本来、〝剛〟が1割で〝柔〟が9割であると私は思うわけですよ。今の世の中に広まっている剛柔流は、宮城長順先生のイメージに似て〝剛〟の色が強すぎる。しかし、宮城先生の師である東恩納寛量先生の拳風は、おそらくそれとは全く違うものだったんじゃないでしょうかね。

私は剛柔流を大衆化される以前の、真の実戦性を備えた本来の姿に戻したいと考えとるわけです。そのためには、宮城先生以前の〝唐手〟にまで遡って、原点回帰しなければならんのですよ。

――その結果、源流である福建省南拳の白鶴拳に近づいたという事ですか？

宮平　それとは少し違いますね。上原先生は白鶴拳を目指したのではなく、武術的な合理性を突き詰めた結果として今の形になった。もしかしたら中国の白鶴拳とも違う、沖縄の智慧と私の北派中国武術が融合した全く新たなスタイルの武術かもしれません。だから逆輸入じゃないですけど、上原先生の空手を今中国に持っていったら、すごく面白い事になると思うんですよ。

沖縄空手×中国武術　来たるべき未来のために

――それでは最後に宮平先生、沖縄空手の未来へ向けて、中国武術の立場からの展望をお聞かせ下さい。

宮平　私はやっぱり沖縄生まれ、原点が空手ですから。中国武術との縁を頂けたのも沖縄空手をやっていたからこそですし、私の力でお手伝いできることがあるなら盛り立てて行きたいなと。特に沖縄空手と中国武術の若い世代の者同士が、どっちが強い弱いではなくお互い切磋琢磨し合える環境を作りたいですね。何せここは沖縄、世界最高峰に武術が濃い場所ですから。私のやるべき役目は、そのバックアップです。

――上原先生、今世界で空手を志すたくさんの若い人たちに向けてメッセージをお願いします。

上原　空手は武術である以上、あくまでも実戦と繋がりを持った鍛錬法、型でなければならんのです。だから今のようなスポーツ化した空手じゃなくて、武術としての空手を志すべきだと思いますね。幕末の新撰組局長、近藤勇の試衛館みたいに、本当に武術が好きな者達が集まってやっていたのと同じようなものじゃなければ……せっかく人生の何百時間も費やすわけだから、見せかけだけのもんじゃ、もったいないでしょう。本物の空手には、本物の妙味っちゅうもんがあるわけですよ。■

Part 3

近代空手を補完する源流の叡智

福建・鶴拳と沖縄剛柔流空手
共通性と琉球化され生まれた剛の要素

中国の両節棍（双節棍）が沖縄に伝わったと言われるヌンチャクも、沖縄独特の操作法が見られる。

西田 幸夫　Nishida Yukio

極真空手七段、大東流合気柔術師範五段、琉球古武術師範五段、沖縄剛柔流範士九段。極真空手創始者・大山倍達総裁の亡き後、極真会館の日本代表及び世界代表を務める。1999年、極真空手清武会を発足。パワー重視だった稽古・技術体系に中国武術・大東流合気柔術・沖縄空手を取り入れ、生涯にわたって追求できる空手を確立。

文◎西田幸夫（国際武道連盟 極真空手 清武会）

競技中心の空手から消えてしまった中国武術としての本質的考え方

沖縄の空手が中国武術と琉球土着の「手《ティー》」が融合発展したものであるとは久しく言われている。沖縄空手が中国武術を母体としたものであるならば本来、中国武術に内包されている護身・養生・易筋《えききん》という要素がなければならない。これらの要素を遡れば華陀の五禽《ごきん》の戯《ぎ》、八段錦の気功健康法であり、易筋経《えききんきょう》にまで至った易体、易骨、易筋としての考え方だろう。その背景には中国の自然の摂理に基づいた陰陽哲学があることも忘れてはならない。

これらの中国武術としての本質的考え方が我々フルコンタクト空手には失伝してしまっている。このことは、競技スポーツとしての空手と武道空手としての伝統的な考え方による違いと思われる。競技中心となった空手の中には、空手の基本・型を捨てたグループも有るように聞く。

しかしながら、いま一つの立場より見れば、本来の武術としての空手は東洋の身体文化としての発想とその技化されたものであることを忘れてはならない。空手の「型」が当然、中国武術の「型」の継承であり「型に始まり、型に終わる」という言葉通りに「型」によって体を練り、単練をもって技を高めるという中国武術の伝統的鍛錬法も継承しているはずである。

空手が競技化への道を歩んだのも、それが格闘ということを主体としたものであれば致し方ないことであるが、無形の伝統的技術は一度失伝すれば消滅してしまう恐れがある。

三戦によって体を1つにし、勁力を身につける

三戦《サンチン》が剛柔流の基本身法であることには異論がないと思われるが、三戦によって体を1つにし、勁力を身につけることこそ中国武術を継承した沖縄剛柔流、三戦の合目的ではないだろうか。

稽古の中でも、三戦甕《ガメ》による統一体創りが行われている。両肩を沈肩させ甕を持つと同時に、床をしっかり足指で掴み内転筋と臀筋を締め上げ、大木が大地に根（洛地生根）を張ったように体を支える。その時の腕はどこからどこまでを腕というのであろうか。三戦甕を握った右手から肩の僧帽筋を通して左手までを腕としている。

これが〝1本の腕〟である。三戦甕の上半身はこの1本の腕を創るための鍛錬であり、三戦の両足の締めも同様に〝1本の足〟を創るための鍛錬である。

これこそが中国武術でいう勁力を創るための身法であり、沖縄で「当破《アティファ》」「一寸口《チンクチ》」といわれる勁力を使うための方法であると思われる。また、「ムチミ」も体をムチのように使い勁力を効果的に使う身法であると、私は解釈している。

三戦甕（写真はダンベルで代用）を両手に持つ稽古で、「１本の腕」を創る鍛錬とする。

八歩連で易筋

西田師範は、三戦や八歩連の型の鍛錬においても易筋の考え方を取り入れている。易筋経は、全身の筋（すじ）を伸ばし捻ることで鍛えれば、健康で強くなれると説く。三戦の原型ともいわれる鳴鶴拳の八歩連では、指先・前腕・背筋（①）、上腕から指先（②）を伸ばし、巻き込んだとき（③）も拳を握らずに伸筋群を鍛える。①の姿勢に戻り繰り返す（④）。

八歩連と三戦の歩法の違い

三戦のルーツではないかと言われる八歩連の歩法では弓歩が使われ、股を介して上半身と下半身がしっかりと繋がれている。対して、剛柔流空手の三戦では内八字の運足が用いられているが、下半身の締めを強調した弓歩の変形とも言えるのではないかと、西田師範は考えている。

勁力を福建の鶴拳にまで遡ることが出来る。沖縄剛柔流に伝わる『武備誌』は中国白鶴拳の伝書であり、文中に「気力坦応、呼吸坦求、身勁之力皆徒而出矣」（気と力が応じ呼吸が調和すれば身体の勁は体全体より発する）と述べている。

鶴拳は泉州市の永春より福州市に伝わり、福州で鳴鶴拳、宿鶴拳、食鶴拳、飛鶴拳、従鶴拳の5つに分派したといわれており、現在では鳴鶴拳と飛鶴拳のみであると私が師事した鳴鶴拳の潘洪銓老師はおっしゃっていた。

三戦と八歩連から考察する中国武術からの影響と琉球化

福州・鳴鶴拳の八歩連《パープーレン》が三戦のルーツではないかと言

われている（福建省全体には三戦といわれる身法が多数あるため、確定的ではない）。八歩連は気血の流れを良くし、伸ばし捻る易筋の要素が含まれている。

柔の要素が多く、剛柔流三戦のように剛の要素は少ない。歩法も弓歩を使っているため、股（胯）は上半身と下半身をしっかりと繋げている。さらに三戦のように臂筋を強く締めないため、骨盤が後傾せず、インナーマッスルである腸腰筋群による体幹の安定が保たれる。

八歩連が弓歩であるのに対して剛柔流三戦は内八字の運足をとるが、下半身の締めを強調した変形した弓歩とも考えられる。易筋は筋膜に気血を通し、筋《すじ》を伸ばし捻ることにより筋を易《か》えることを、易筋の原理と理解している。

八歩連も気功的要素を含む伸筋抜骨の型であり、八歩連を三戦の原型とするならば、時代と共に剛の要素を中心に琉球化したのが、現・剛柔流三戦であろう。これも琉球の武人達によるチャンプルー化した伝統文化の身法といえるであろう。■

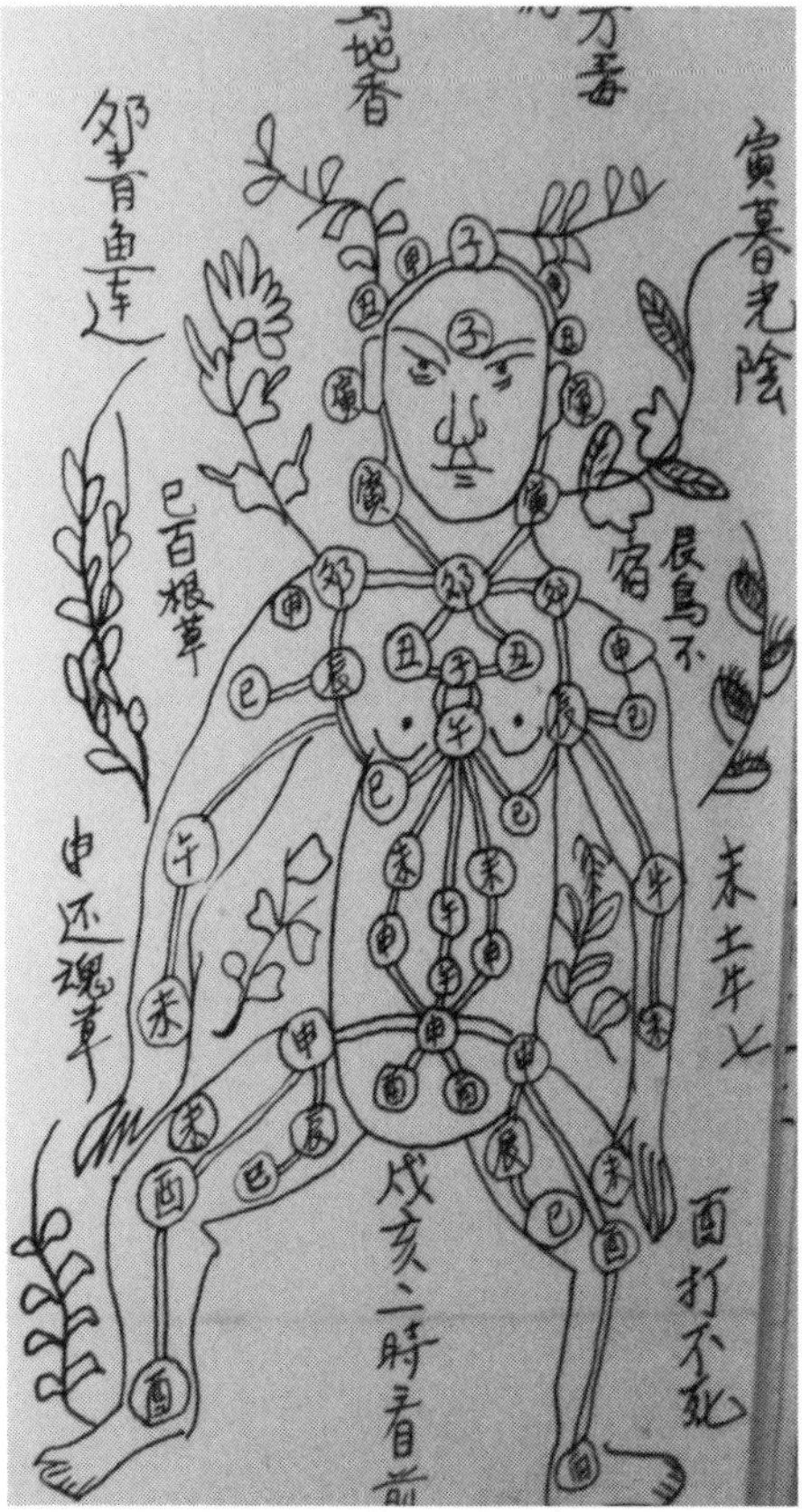

剛柔流に伝わる白鶴拳の拳譜『武備誌』。そこに描かれている経絡図（福州版）。

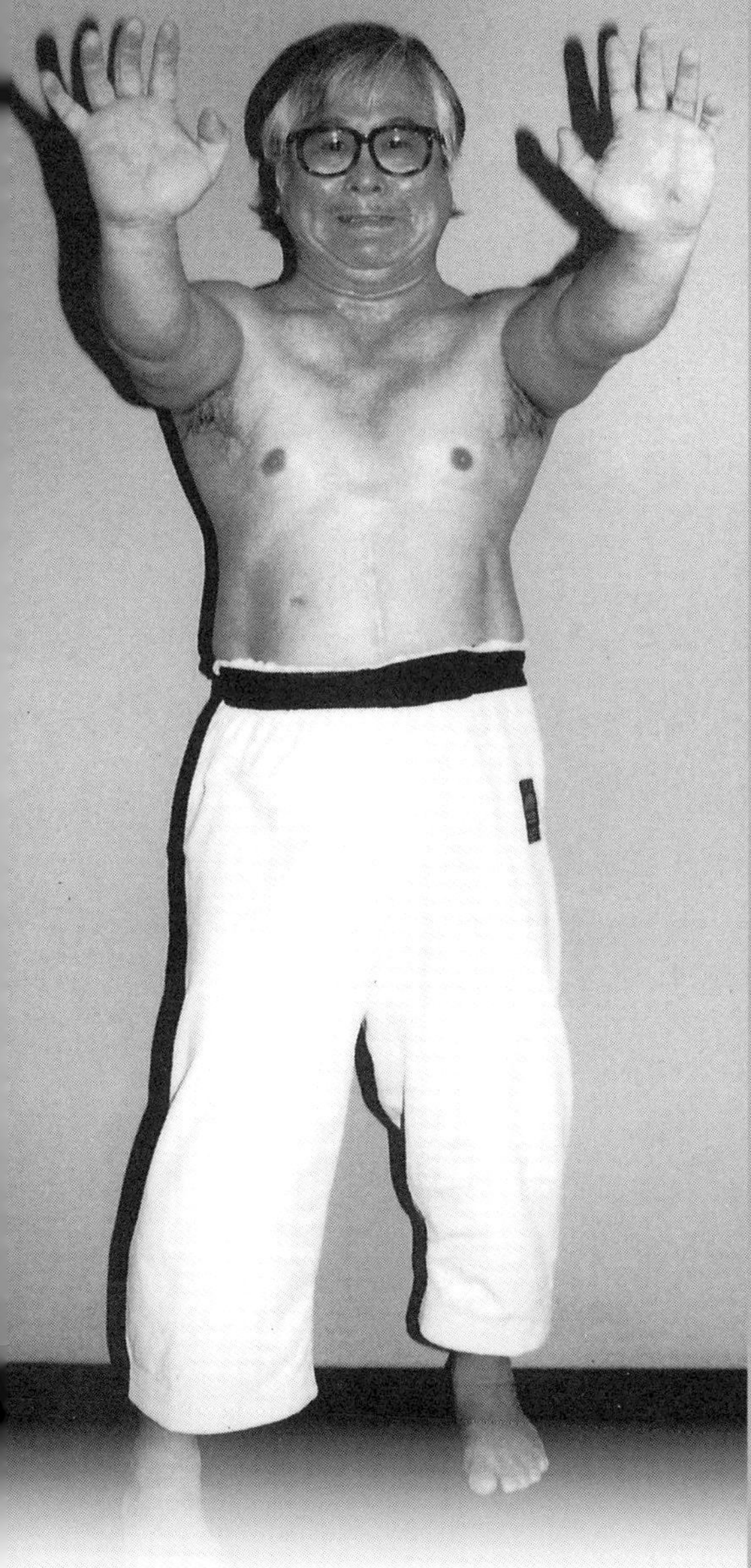

Part 4

沖縄空手界に轟く 実戦拳雄一代記

〝喧嘩名人〟上原恒の空手人生

取材・文◎『月刊秘伝』編集部

沖縄空手界の伝説 〝喧嘩名人〟 上原恒

「私の若い頃の沖縄は、喧嘩の時に刃物持ったって別に卑怯だなんて言われなかった。ある時、飲み屋で喧嘩になって相手がパチッとドス（匕首）を出したから私も出して、『刺せるのか？』って言われたからドスンと刺した」

齢八十七を迎える老武術家は淡々と、されど尋常ならざる凄味を帯びた口調でそう話した。

上原恒《こう》――沖縄空手界の伝説にして、〝喧嘩名人〟。一切のルールのない真の実戦ならば、沖縄の空手家でこの男の右に出る者はいないのではないかとすら囁かれる実戦の雄。近年に大病し、過酷な闘病と手術の後遺症によって筋肉がすっかり落ち、取材時は満足に立つのもままならないといった不自由な身ながら、その眼差しはまるで猛禽類を思わせるような鋭い光を湛えていた。

「ちょっと、手を出しなさい。そう、掌をこっちへ向けて……」

やがて話が拳打の技術面に及ぶと、上原師は記者にそう促し、よろめきながらも椅子から立ち上がると、取材に同行して頂いた天行健中国武術館館長・宮平保師範に支えられながら、ゆっくりとした動作で拳を握り、ぱんっと記者の掌を打った――が、全く欠片ほどの威力も感じない。当然だ、今の上原師の身体の状態では……突きの動作が出来るだけでも大したものだろう。

「今のが筋肉の力だけの突き。そして、これが〝ガマク〟を使った――」

言葉が終わるより早く、再度、上原師の拳が記者の掌を打つ。その瞬間、まるで地から水が湧き出るが如く上原師の拳より流れ込んだ力で、記者は大きく後方へ体勢を崩されていた。

打たれた掌から身体の中心にまで、押し寄せる波のように浸透してきた圧力に対しては、まるで抗し得る術がなかった。

「こういう身体の遣い方が、今の沖縄にはもう、ほとんどなくなっとるわけ。私はね、宮平先生のおかげで気付けたこの真の剛柔流で、沖縄空手を大衆化する前の、原点の姿に戻したいと考えとるんですよ」

本物だ――掌に残る拳の感触を握り締めながら、記者は沖縄の地で最初に出会った目の前の老武術家が、紛れもなく〝達人〟と呼ぶに相応しい超一流の空手家である

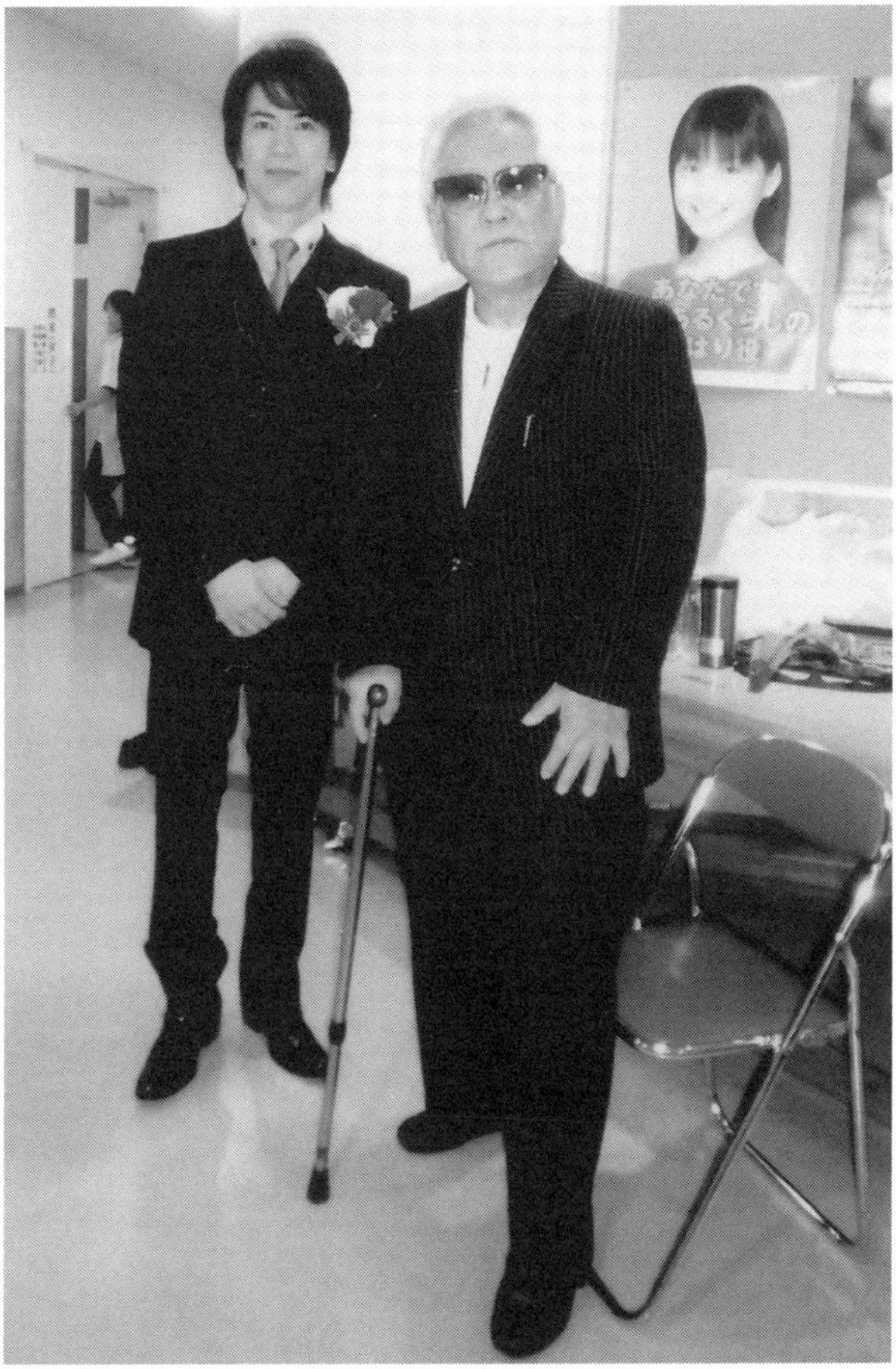

2010年度の天行健中国武術館創立20周年記念大会にて。宮平師（写真左）と上原師（写真右）。

宮平師の兄弟弟子にして、中国武術界における日本武道研究の第一人者鄭旭旭《ていきょくきょく》老師（写真左）と対談する上原師。

と確信した。

老いと病によって意のままには動かぬ身体でありながらも、上原師の空手に対する熱意、どこまでも実戦に即した武術を探求する想いは全く衰えておらず、今尚、自身の理想へ向けてその歩みを止める事はない。

沖縄空手界に轟く〝喧嘩名人〟、その武に捧げた半生は、数多の実戦に彩られた、壮絶極まりないものであった。

戦時中から戦後の混乱期における、喧嘩三昧の日々

上原師は1929年、沖縄で生を受け、戦時中は宮崎県都城市に疎開し、戦闘機を製造する軍需工場へ動員された。当時はまだ空手をやっておらず、旧制中学校（現在の高等学校）の学生だった上原師は同級生達と共に、工場の工員や他の学校の不良を相手に喧嘩三昧の青春を送ったという。

「喧嘩になると、いつもすぐに刃物が飛び出した。中には飛行機を造る作業で使うヤスリでドスを作ってる奴もいて、これがまた、柄を奇麗に桜の皮で縁取りしたりして……」

1963年頃、庭に立てた巻藁で突きの稽古をする上原師。巻藁突き一つとっても、時には気絶して倒れるほど極限まで追い込んで行う事もあった。

香港スポーツ新聞の取材で、いきなり煉瓦の試し割りをやらされるも、見事に成功したシーン（写真左）。同じく香港にて、功力拳などの中国武術を学んだ葉雨亭老師とのツーショット（写真右）。

喧嘩は常に一対一の素手同士ではなく、刃物を持った複数人を相手にするのが当たり前。終戦後は故郷である沖縄の北谷町《ちゃたんちょう》にある米軍基地に軍事作業員として駆り出され、ここでもまた喧嘩に明け暮れる。上原師に顎を砕かれたヤクザ者が、上原師の家を焼こうと、ガソリン一斗缶を持って一晩中那覇を探し回った事もあった。

「当時、私のグループの友人だった奴が刑務所に出たり入ったりしてて、ある時、飲み屋での出所祝いで酒癖の悪いそいつが、私に突っ掛かって来た」

ここで冒頭の話通り、ドスを出したその男に対し、上原師もドスを出し、相手の足の付け根辺りを刺した。あくまで脅しのつもりだったが、上原師は警察に逮捕される。しかし、警察関係者だった親戚が示談に取り成してくれたため、刑務所行きは免れた。

強さではなく精神修養を求めて空手の道へ

警察沙汰の事件を起こしたことを切っ掛けに、上原師は「このままじゃいかん」と思い立ち、精神修養のために空手の道へ足を踏み入れる。喧嘩に強くなるためではなく、喧嘩をしないようになるために空手を始めたのだ。

　1952年に当時の沖縄空手界における最長老であった小林流開祖・知花《ちば な》朝信《ちょうしん》師範に師事するも、ある時、道場で先輩格の指導員に「態度が横柄だ」と呼び出されて立ち会い、これをワンパンチで病院送りにしてしまう。

「パーンッと突いたらポンと倒れたわけ。で、たまたま後ろに石があってそれで頭を打って、病院に運ばれていった。その時分の私は空手というのは認めていなかったから。喧嘩なら誰にも負けないという考え方だから。喧嘩っちゅうもんはやっぱり生まれついてのものがあるんでしょうね。私のワンパンチなんか、完全に自己流でしたから」

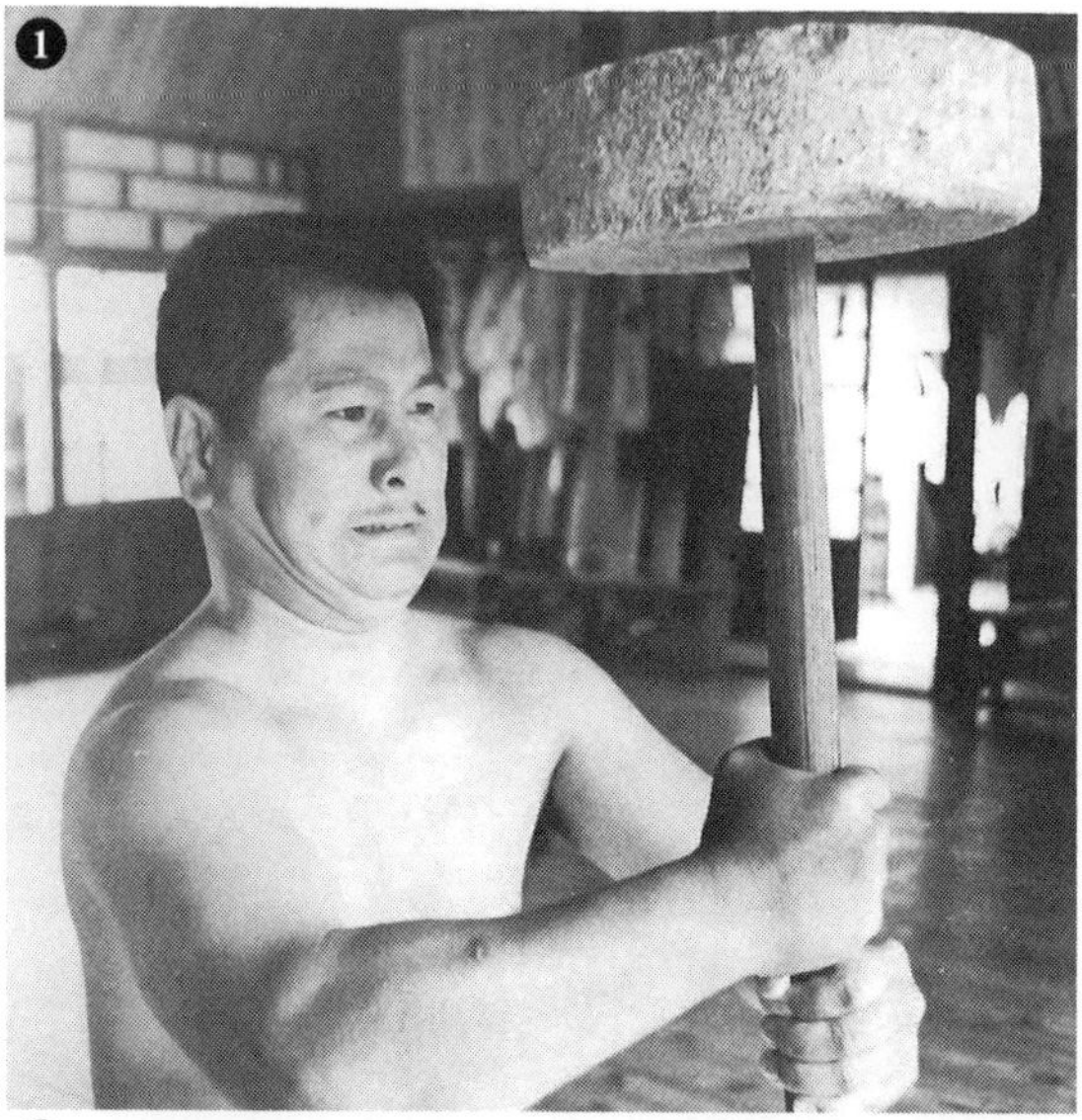

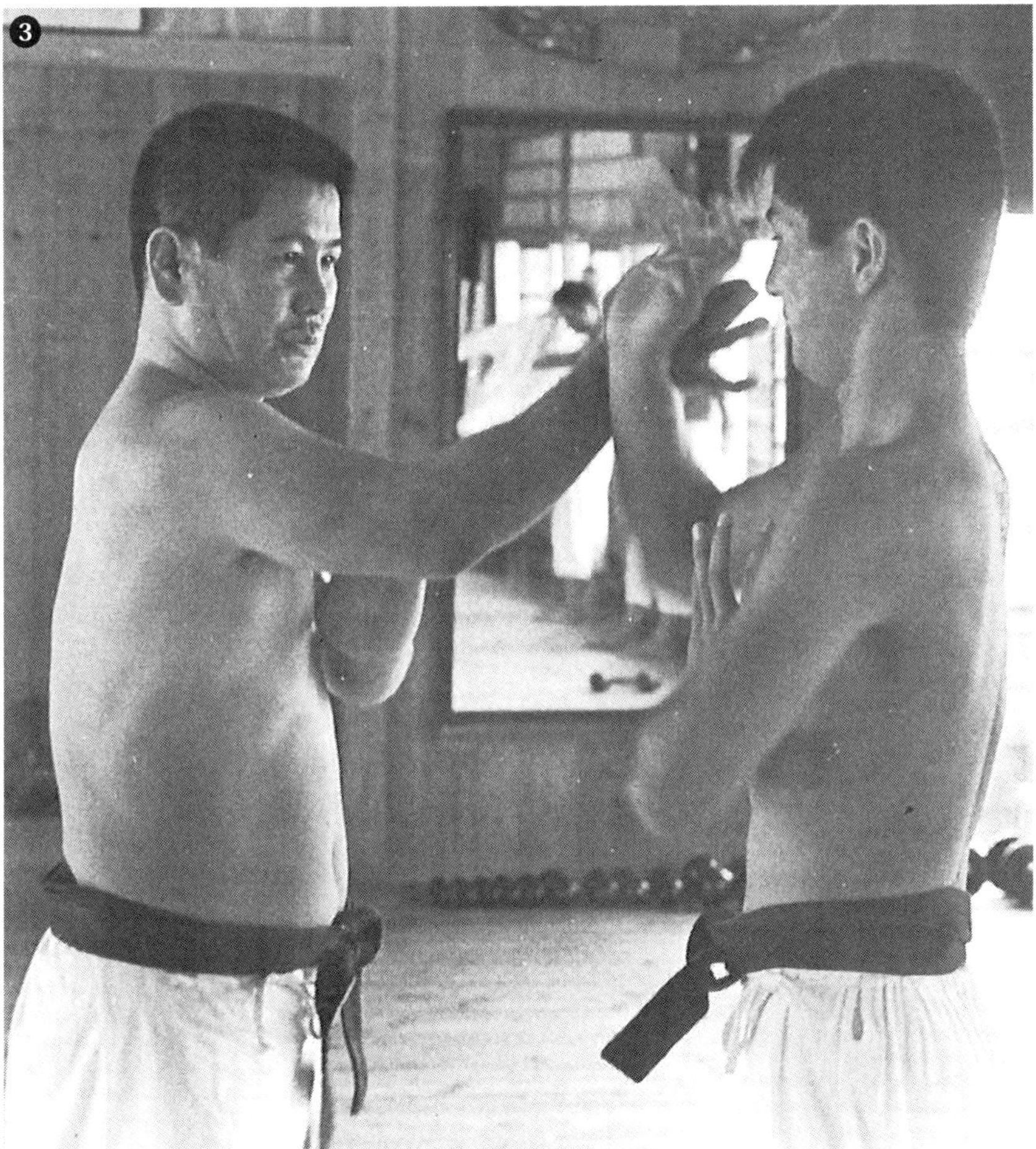

古伝の剛柔流には様々な鍛錬器具を用いて肉体を鍛え上げる方法が豊富に伝わっており、若き日の上原師は、これらを用いて徹底的な鍛錬を行った。①は槌石《チーシー》という木の棒の先に石の重りがついたもの。②は金剛圏という鉄で出来た楕円形の鍛錬具でかなりの重量がある。③は同門の練習生との「カキエイ」の稽古(1963～65年の写真)。

勝負には勝ったものの、道場にいられなくなってしまった上原師は、次に剛柔流開祖・宮城長順の弟子である宮里栄一師範に師事し、以降は剛柔流空手に邁進する。

そして、1974年には自身の道場である剛柔流空手直心館を立ち上げ、その5年後には全沖縄空手道連盟の理事にも就任し、いつの間にか名実共に沖縄空手界の重鎮として、その地位を確立する事になっていった。

どちらかが倒れるまでやる理屈を超えた極限の鍛錬

剛柔流は肉体的鍛錬の激しさにおいて他流の追随を許さないと言われるが、上原師の鍛錬はその剛柔流にあっても〝稽古の鬼〟と畏れられるものだった。

「二人で並んで巻藁を突く。一人は左、もう一人は右の突きだけを、どちらかが倒れるまでやる。相手がおるから、自分も励みになる。稽古中に好敵手をつくるわけですよ。突き続けると、そのうち手が震えて唇が黒くなってきて、バタンと倒れる。理屈抜きで、極限までやらないと見えてこないものがあるんですよ。示現流もそうでしょ。打ち込みを朝に三千、夕に八千。それぐらいやって身体を造り直さんと駄目」

まずは言葉で説明というのが多い現代の傾向とは真逆で、何事も身体が先で理論が後でついてくる。まずは身体を徹底していじめ抜くのを前提とするのが上原師の空手だ。

人間は簡単には死なないだから、思い切り殴れる

上原師が最も印象に残っている喧嘩として語ったのは、若い頃に舟の甲板の上でならず者の集団に下駄で踏みつけられ、ボコボコにされた事だという。

「舟の上の喧嘩で滑って転んだら、一気に10人ぐらいで掛かってきて、もうメチャクチャにやられましたね。顔なんか血塗れで倍ぐらいに腫れ上がって……でも、『死なないな』と。これだけやられても人間はそう簡単には死なないって事が理解できたわけです。それからですね……頭の中の無意識のブレーキが外れて、本当に一切の躊躇なく人を殴れるようになったのは」

人間はそう簡単には死なない。だから、思い切り殴れる——上原師の実戦観の原点は、この体験にこそある。

台湾、香港を経て沖縄で本物の中国武術と出会う

誰よりも真剣な稽古を重ねながらも、上原師は剛柔流は元より、沖縄空手そのものに対する疑問は常に持ち続けていたという。果たしてこの型で実戦に使えるのか、刃物に対処できるのか……数えきれない程の実戦経験を持ち、入門当初は「空手と喧嘩は別物」としていた上原師だからこそ、その実戦性には決して妥協を許さなかった。

そんな時、自身が司会進行を務めていた沖縄空手と中

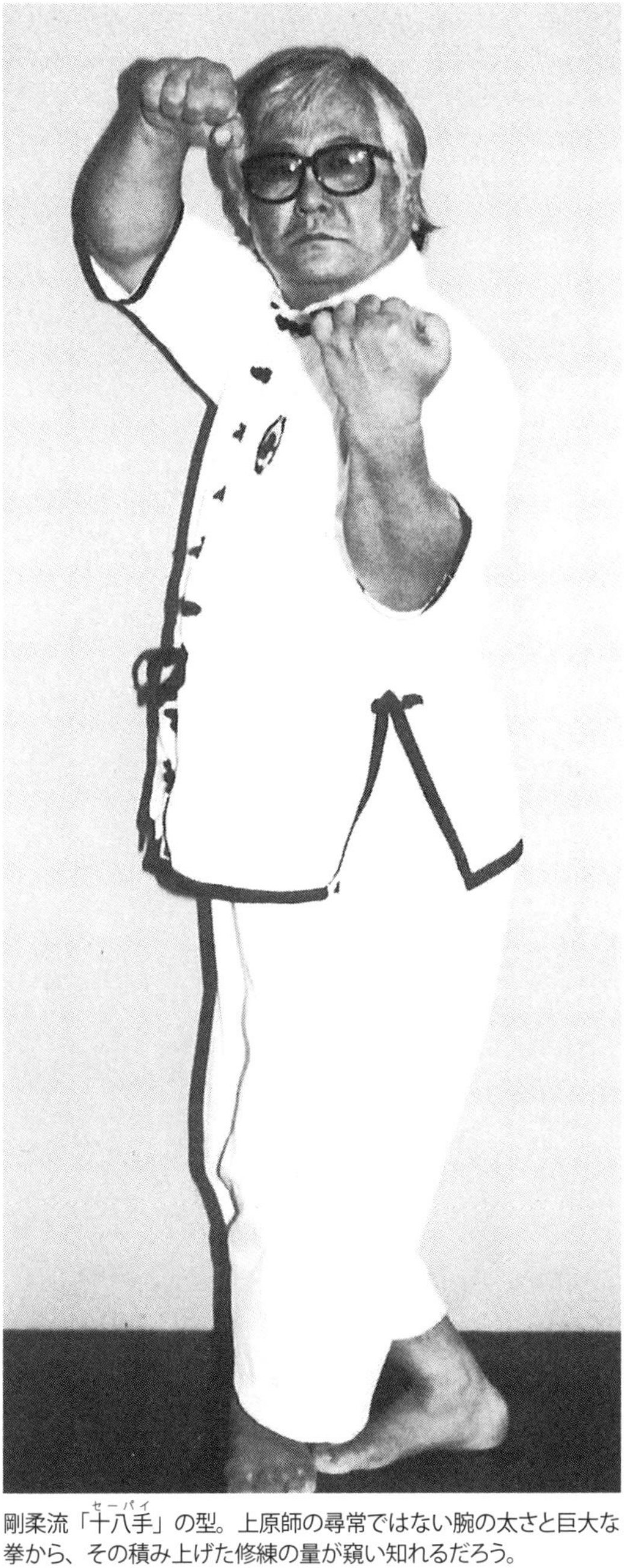

剛柔流「十八手《セーパイ》」の型。上原師の尋常ではない腕の太さと巨大な拳から、その積み上げげた修練の量が窺い知れるだろう。

正装に身を包んだ上原師。

国福建省の親善武術交流会で宮平師の演武を見て、衝撃を受ける。それまでも台湾や香港で中国武術と親善交流し、葉雨亭老師に功力拳を学ぶなど中国武術に対して一定以上の見識を持っていた上原師だが、宮平師のそれは、今まで自分が見てきたものとは全く別次元のレベルだった。

即座に入門を願い出た上原師は、自身の道場に中国武術研究会を設立し、以来25年間、沖縄空手と中国武術の技術交流を続けている。

沖縄空手の真の復興のため敢えて孤高の道を選ぶ

「東恩納寛量先生から宮城長順先生に伝わる過程で失われたもの、宮城先生が剛柔流を大衆化させた時に削ぎ落されたものに空手の本質があると私は思っとる。だから、それを取り戻すためには源流である中国武術からその原理を学んで、宮城先生以前の東恩納先生の時代にまで遡《さかのぼ》らんといかんのです。そして、その原点回帰した空手をきちんと体系化して広める事が、剛柔流だけでなく沖縄空手全体の真の復興に繋がるわけですよ」

剛柔流に身を置きながらも開祖を目指さないという志向性は、本土とは比較にならないほど流儀と伝統を重んじる沖縄においては異端とされたという。

そんな中、上原師はいつしか沖縄空手界の長老としての地位や栄誉に背を向け、ただひたすらに自身の信じる空手を追究すべく、孤高の道を歩き出した。それは今の時代において、不器用で愚直過ぎる生き方なのかもしれない。

しかし、ただ純粋に沖縄空手を愛し、その強さを求め、時には開祖すらも否定する上原師の真摯な想いに共感し、師を慕う者達も、宮平師や後継者である宮里信光師範をはじめとして確かに存在する。この稀代の〝喧嘩名人〟の生き様が〝武〟を志す多くの人々の心を打つ事を願いながら、ここに筆を置きたい。■

（編集部追記：2018年9月26日、高弟の宮里信光師範に後継を託し、逝去されました。）

剛柔流直心館上原道場　080-1789-8316（宮里）

Part 5

宮里信光×長嶺文士郎

“海南神技”——新世代の胎動

沖縄空手の未来を継ぐ、若き武士《サムレー》の魂《マブヤー》

取材・文◎『月刊秘伝』編集部

松林流と剛柔流
共に流儀を継ぐ者として

――松林流三代目を継ぐ長嶺文士郎師範と、剛柔流の〝喧嘩名人〟上原恒先生の後継者である宮里信光師範。共に沖縄空手の明日を担う、両師範の現在とこれからの想いをお聞きしたいと考えております。まず、お二人が空手を始めた経緯からお話しください。

長嶺　空手は6歳頃から、実家が空手道場ですので、もう物心ついた時から自然とやっていました。

宮里　自分は小学校の頃にブルース・リーの影響で、単純に家から近かったというだけで入門したんです。13歳から始めたんですけれど、当時は上原道場に入門する事自体がちょっと難しくて、同年代の子はほぼいなかったです。

――長嶺先生はやはり、松林流の開祖である祖父の将真《しょうしん》先生や二代目である父の高兆《たかよし》先生から厳しい指導を受けていたのですか？

長嶺　祖父からはほとんど直接は指導を受けたことはありませんが、父は……もう恐くて恐くてですね。空手を始めてから、プライベートでも稽古でも怖かったです。普通に稽古している時に「オマエ、玄関で拳立て伏せしとけ」とか無茶振りをやられてたので、とても空手が嫌いになりました（笑）。今考えれば周囲の人々に息子だからといって特別扱いしないっていうのを示すためだったのかもしれませんが、あの頃は本気で辛かったですね。自分が長嶺の三代目だという自覚が明確に芽生えたのは、父が亡くなってですね。実は父が亡くなる前は絶対に空手はやらない、三代目は継がないって思っていたんですよ。だけど、亡くなった後、いろいろ考えて本気で松林流を継ごうって決めました。

――宮里先生は上原先生より、中国武術の術理を以て原点回帰した剛柔流を、システムとして体系立てる事を厳命されているとお聞きしています。

宮里　そうですね、道はもう示してもらったので、今度はそれをちゃんと形にするのが自分の役目だと思ってます。

でもやっぱり、自分一人の考えではどうしても足りない部分があってですね……僕はもう、空手っていう枠に囚われている限り、それ以上のものがないと考えてるんです。空手を武術として完成させるためには、空手にないもの、いいものは頭下げてでも教えを請うてでも……。

宮里 信光　Miyazato Nobumitsu

1969年沖縄生まれ。13歳で沖縄空手界の“喧嘩名人”として知られる上原恒師範の門下生となり、剛柔流空手の修行を重ねる。上原師が宮平保師範と交流を開始するにあたり、自身も宮平師より手解きを受ける。師である上原師に倣い、徹底した実戦性と合理性を求め、県内外の様々な流派のチャンピオンや上位常連クラスの選手と数多くの手合わせを行う。その実戦力は、宮平師をして「ルールなしならば、沖縄空手の若手で最高峰の一人」とまで断言させる。現在、剛柔流空手直心館師範代として、上原師より絶大な信頼を受けると共に、“喧嘩名人”の後継者として、その実戦空手の体系化を目指している。

長嶺 文士郎　Nagamine Bunshiro

1977年沖縄生まれ。松林流開祖 長嶺将真の孫として生まれ、幼少より空手の修行を始める。父である第二代 高兆師範より徹底した英才教育を受けながらも、一時期は空手に反発し、柔道、レスリングを経て、当時、世界中で猛威を振るっていたグレイシー柔術に憧れ、総合格闘技の世界に入る。地元の格闘技団体で選手として活躍するも、宮平保師範との出会いにより真の意味での武術性に目覚める。以後、宮平師の指導を仰ぎつつ、高兆師範の逝去に伴い、その跡を継ぐ意志を固める。現在、第三代として世界松林流空手道連盟「長嶺空手道場」を率いる。また、小学校の教師として、少年少女に空手を指導。

上原先生が宮平先生の演武を一目見て、「あ、これが本物だ。自分が50年やってきた空手は間違いだった」って、こんな風に自分の考えをゼロにできるかって言われれば、僕は絶対にできないです。今まで何十年もやってきて、地位だって出来てるのに、たった一目見ただけで全部捨てて……。だから僕はもう、ますます上原先生は尊敬するんですよ。

――確かに、自分が人生を掛けて築き上げてきたものを、それより優れてる何かが現れればあっさり捨てるなんて、よほど大きな器と強靭な意志がなければできない事だと思います。長嶺先生は父であり師である高兆先生の、どんなところに最も敬意を抱きましたか?

長嶺　なんと言っても父は度胸がスゴイといいますか、ビビっているのを見たことがないです。たとえデカい外国人の前でも……すごく豪快な人だったと思います。自分なんか演武会の前でも緊張したりするんですけど、父は全くそういうのはなかったですね。型の動作や順番を間違ったところも見たことがないですし、本当に師匠としても凄い人だったと思います。

それと、身体のバネですね。信じられないくらい速くて伸びのある動きをしていました。一体どんな稽古をしたらあんな風になれるのか……自分にとっては永遠の目標かもしれません。

中国武術が教えてくれたルールなき実戦の理

――お二人とも、それぞれの空手と並行して、宮平保先生からも指導を仰いでいるとお聞きしていますが、中国武術からどのような事を学びましたか?

長嶺　実は自分、空手というか父に一時期反発してまして、当時全盛だったグレイシー柔術が打撃格闘技を総ナメにしてるのを見て「これしかない!　タックルからマウントポジション取れれば、父にも勝てるんじゃないか」って思って、総合格闘技に転向して何度かリングにも上がりました。

その後、大学を卒業した頃に宮平先生の道場へ来させて頂いて、門下生の方々とスパーリングというか散手をやったんです。その頃は自分は、とにかくマウントポジションを取ればいい、マウントこそが最高だと。今思えば、組みに行く時に目とかも触られまくっていたんですけど、気付かずに組んで倒していった瞬間、金的をグッ

Next Generation of Okinawan KARATE

祖父 長嶺将真師が後ろで見守る中、第二代宗家である父 高兆師を相手に突きの稽古を行う、当時小学生の文士郎師（写真左）。中学１年の頃、高兆師と共に将真師を中心に二人掛けの演武（写真右）。

将真師と文士郎師の貴重なツーショット。偉大なる達人の空手は、新たなる世代へ受け継がれてゆく。

1997 年頃、オーストラリアのダーウィンへ空手指導に赴いた時の一枚。向かって右から宮里師、上原恒師、ラリ・ゴンガベス氏。

2000 年頃、上原師より剛柔流の型「十八手《セーパイ》」の中にある体当たりの技法を教授される宮里師。" 喧嘩名人 " の実戦空手は、固い師弟の絆と共に伝承された。

松林流『平安《ピンアン》三段』

松林流の特徴である転身動作を応用した「平安三段」の型に含まれる投げ技。相手の突きを渦の如く自らの転身に巻き込み、地に叩きつける（①〜⑤）。

松林流の代表型「鷺碑《ローハイ》」。軽やかさと重厚さを兼ね備え、泊手における上級型にも位置付けられている。

将真師が遺した手記には、日頃の稽古への取り組み方や老いに対する心構えの他、空手の技術の考察はもちろん、その源流である中国武術に強い関心を寄せていたことが記されており、文士郎師は祖父の遺志を継いで実践しているとも言える。

長嶺将真 秘蔵手記

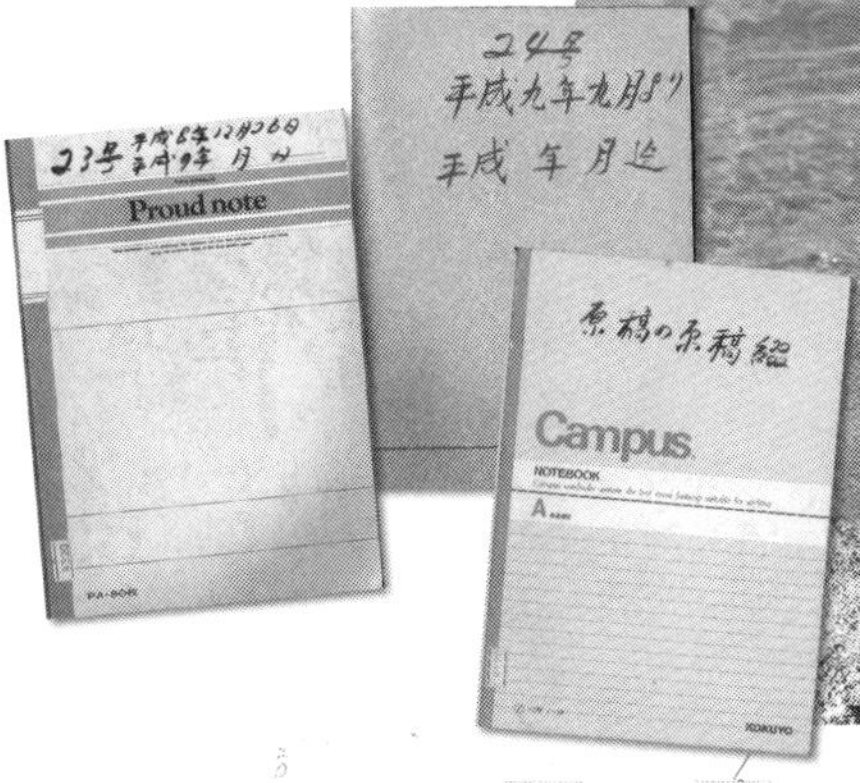

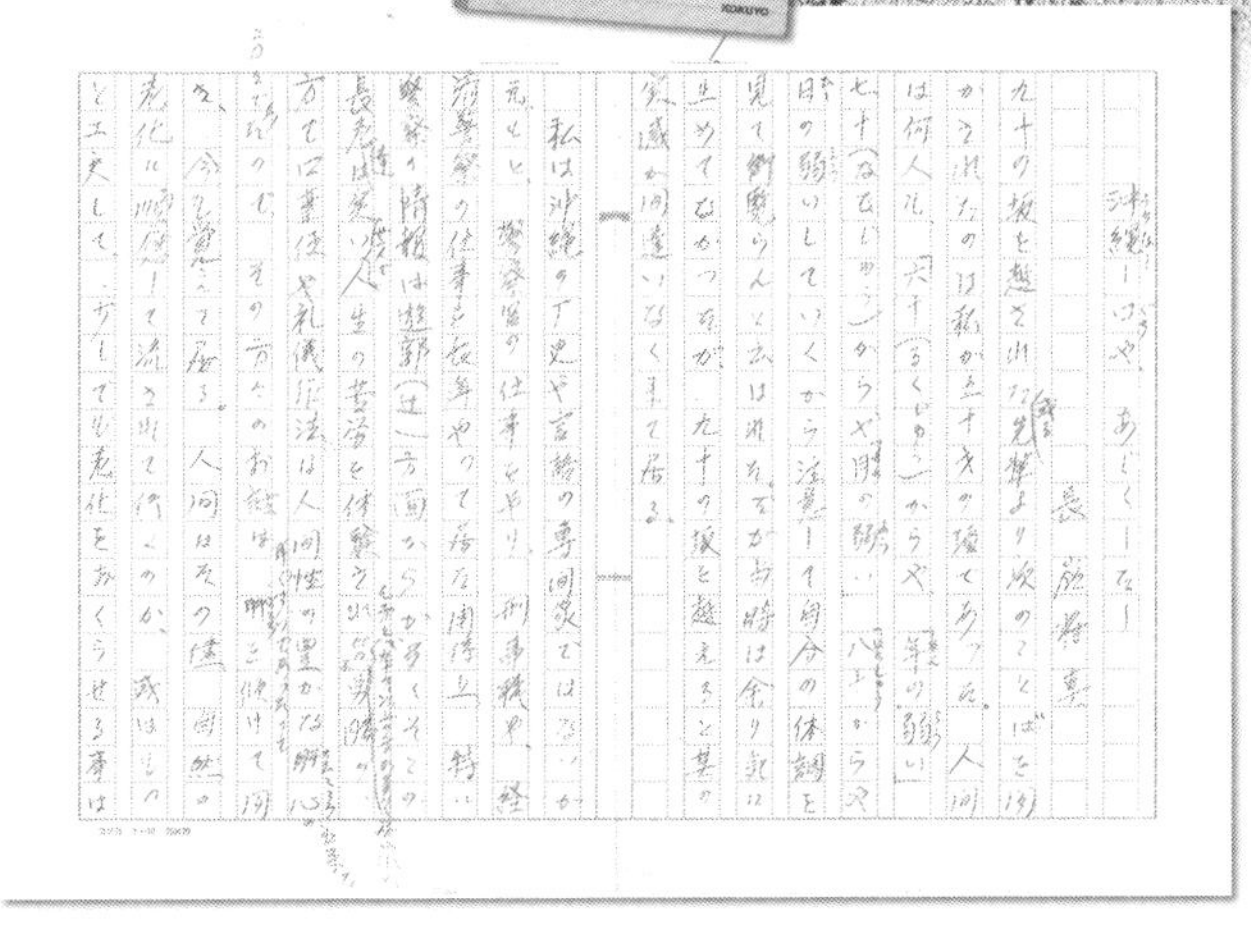

剛柔流『四向鎮《シソーチン》』

宮里師が得意とする型「四向鎮」の実戦用法。相手の突き手を捕り、下から挟み込むように打ち上げ、肘関節を極める（①〜⑤）。接触部位に粘り着いて制する沖縄空手の極意〝ムチミ〟によって、相手は捕られた腕を引き戻せない。

剛柔流の奥義型「壱百零八手《スーパーリンペイ》」。型競技においても高難度とされるが、宮里師のそれは“実戦”の凄味を感じさせた。

と握られて、ハッとなりました。カルチャーショックでしたね。平和ボケじゃないですけど、ルールボケと言いますか、決められたルールの中でしか有効じゃない動きを自分はずっと練習していたってことに気づいて……。

——寝技でチョーク（首絞め）を極めようとした時に噛みつかれたとお聞きしたんですが（笑）。

長嶺　そうです、もちろん本気でガブッってのじゃなくて「こんな時は噛みつかれたりすることもあるよ」という温かいやり方だったので（笑）、卑怯だとか汚いとか思わずに、自分の実戦に対する認識の甘さを強く実感しましたね。そんな中で、「総合格闘技はルールのある競技。じゃあ、自分が父から教えてもらってた空手はどうなんだろう」って思い始めたんです。

父と喧嘩して、「自分は空手じゃなくて中国武術をやります」って宮平先生に話した時、「文士郎君は空手やらないの？　……そう、責任感じてないね」って言われたのも、由緒ある空手の家系に生まれた者として、自分の立場をもう一度しっかりと考え直すスタートになりました。

——宮里先生はどうですか？　〝喧嘩名人〟の後継者として、宮平先生の実戦中国武術と相通ずる部分は大きいのではないかと思うのですが。

宮里　僕が宮平先生の所でやらせてもらって一番楽しかったのはですね……指導員の方と公園で夜遅くに、「ちょっとお互い、やってみましょうか」って事になって。その時、金的でも頭突きでも、ルールのある競技で禁止されているのは何でも平気でやってくるので、最初は「えっ？　ここまでやるんだ」ってビックリしたんですけど、自分もちゃんと避けられたりしてたから、もう楽しくて楽しくて。これで避けられずに当たってたら救急車で運ばれてたかもしれないですけど、「ああ、これだよ、僕の求めていたのは。やっぱり武術はこうでなくっちゃね」って（笑）。

普通、「やりましょうか」っていうのは暗黙のルールで「顔面はダメ、金的はダメ」とかあるんですけど、宮平先生の道場の指導員は「これが普通だよ」って顔をして平然とやってくるから妙に嬉しくてですね。武術で暗黙の了解作ったらダメだよねって感じで。

それで今度は明らかにガード開けて金的誘ったりしたんですけど、乗ってこないんですよね。終わった後に「なんで蹴ってこなかったの？」って聞いたら「いや〜、ミエミエですよ」って言われて。前に上原先生が「色（自分の意図）を見せるな」っておっしゃってたのが、「ああ、

宮平保師範より二人へ

宮里君と長嶺君には、剛柔流や松林流という流派の枠を越えて、沖縄空手全体の発展を築くことが出来る、大きな可能性があります。

歴史を鑑みても、明治維新の時は熱い想いを抱いた若い志士達が既に作り上げられた古いものを一度壊して、新たな時代に入って行きました。二人にはそういった新しい時代を創るパワーを強く感じます。私は上原先生共々、中国武術の立場からも、彼らに出来る限りの支援を惜しまないつもりです。

沖縄空手の未来はきっと、この若き武士《サムレー》の二人が切り拓いてゆくことでしょう。

こういうことか！」ってすごく実感出来たんです。あの時は本当に楽しかったですね。

伝統の継承と共に、新たな沖縄空手の未来を切り拓く

――長嶺先生は自身の現代格闘技などの経験も踏まえた上で、伝統を受け継ぐだけではない、新しい松林流を創り出したいと考えているそうですね。

長嶺　伝統の型を変えるとかじゃないんですけど、その中に深い意味を探して、質的な部分で進化させたいですね。無理に普及を急ぐのではなくて、自分でちゃんとしっかり稽古して深めていってたら、自然と拡がっていくんじゃないかなと。まだまだ自分自身、全然修行が足りない部分がたくさんあるので、一日一日を「今日、頑張ったな」と思えるように積み重ねていくと、それが自然に横にも溢れていくという日が来ると思っています。

――宮里先生は上原先生から受け継いだ剛柔流を、今の時代でどのよう伝えていきたいとお考えですか？

宮里　上原先生が示してくれた道を歩きながら、剛柔流の枠に限らず、神秘的なイメージでごまかされがちな沖

縄の空手そのものを変えたいですね。沖縄空手に神秘なんて一切ありませんが、自分の実力のなさをそういう幻想を隠れみのにごまかしている、お偉い先生方も少なからずいます。だから今のままだと、二十年後くらいには「神秘の沖縄空手」から「地に堕ちた沖縄空手」になってしまう。それをここでひっくり返さないといけない。空手発祥の地としての誇りを持って、「これが沖縄空手だ」と明らかに他とは違うものを、僕や長嶺先生の世代で示す事ができたら、それが上原先生や宮平先生への一番の恩返しになると思っています。

——お二人の熱い志があれば、沖縄空手の未来が大きく拓ける気がします。ありがとうございました。■

本文デザイン● 澤川美代子
装丁デザイン● やなかひでゆき

◎本書は、武道・武術専門誌『月刊秘伝』2015 年 12 月号特集「沖縄空手×中国武術」、2016 年 12 月号特集「空手の命“形”探求！」、2017 年 7 月号特集「空手進化論【組手編】」をもとに単行本化したものです。

空手の命 「形」で使う「組手」で学ぶ

オリンピック種目決定の今こそ知る、武道の原点！

2019 年 4 月 5 日　初版第 1 刷発行

編　集　『月刊秘伝』編集部
発行者　東口敏郎
発行所　株式会社 BAB ジャパン
〒 151-0073 東京都渋谷区笹塚 1-30-11　4・5F
TEL　03-3469-0135　FAX　03-3469-0162
URL　http://www.bab.co.jp/
E-mail　shop@bab.co.jp
郵便振替 00140-7-116767
印刷・製本　中央精版印刷株式会社

ISBN978-4-8142-0192-1 C2075

Magazine

武道・武術の秘伝に迫る本物を求める入門者、稽古者、研究者のための専門誌

月刊 秘伝

古の時代より伝わる「身体の叡智」を今に伝える、最古で最新の武道・武術専門誌。柔術、剣術、居合、武器術をはじめ、合気武道、剣道、柔道、空手などの現代武道、さらには世界の古武術から護身術、療術にいたるまで、多彩な身体技法と身体情報を網羅。現代科学も舌を巻く「活殺自在」の深淵に迫る。毎月14日発売（月刊誌）

※バックナンバーのご購入もできます。
在庫等、弊社までお尋ね下さい。

A4 変形判　146 頁　本体 917 円＋税
定期購読料 11,880 円（送料・手数料サービス）

月刊『秘伝』オフィシャルサイト

古今東西の武道・武術・身体術理を追求する方のための総合情報サイト

WEB 秘伝

http://webhiden.jp

秘伝　検索

武道・武術を始めたい方、上達したい方、
そのための情報を知りたい方、健康になりたい、
そして強くなりたい方など、身体文化を愛される
すべての方々の様々な要求に応える
コンテンツを随時更新していきます!!

秘伝トピックス

WEB秘伝オリジナル記事、写真や動画も交えて武道武術をさらに探求するコーナー。

フォトギャラリー

月刊『秘伝』取材時に撮影した達人の瞬間を写真・動画で公開！

達人・名人・秘伝の師範たち

月刊『秘伝』を彩る達人・名人・秘伝の師範たちのプロフィールを紹介するコーナー。

秘伝アーカイブ

月刊『秘伝』バックナンバーの貴重な記事がWEBで復活。編集部おすすめ記事満載。

情報募集中！カンタン登録！

道場ガイド

全国700以上の道場から、地域別、カテゴリー別、団体別に検索!!

情報募集中！カンタン登録！

行事ガイド

全国津々浦々で開催されている演武会や大会、イベント、セミナー情報を紹介。